圖說北伐

Illustrated History of the Northern Expedition

申晓云／著

韩文宁 张文俊 何志明
王尤清 杨振东 史成雷
张 震 武 玥 ／插图

人民东方出版传媒
東方出版社

目录

引言

中国的20世纪素有“革命世纪”之称，对中国近代历史产生翻天覆地影响的里程碑式的革命就有好几场。而今已进入了21世纪，在进入新世纪以后的2011年10月10日，是上世纪首场大革命辛亥百年纪念日。一百年前的这一天，武昌起义爆发，一场以结束帝制、建立共和民主为目标的革命风潮席地而起。随着清王朝的推翻和中华民国的建立，西方议会制民主政体第一次在中国，甚至在亚洲得以实现。是什么原因使已经选择了共和政体的中国，在艰难徘徊了十几年后便舍弃了这一选择，并由此走上了由国民党主导、以集权为主要标志的“党国”之路？面对这沉重的辛亥之问，我们不由地将关注的目光投向了上世纪20年代中期，投向那场距辛亥不过十多年，却以远较辛亥革命为宏大的气势席卷中国大地，与辛亥一样成功实现政体转型，并为“党国体制”奠基的“北伐”革命。

这场革命距今也有整整九十年的历史了。然而，关于这场革命由何而起，经何而终；其于中国国家近代发展之意义何在，等等这些问题，却因这场革命的主角——国共两党之间的恩怨、纷争与对立，至今未形成共识与确论。

那么，北伐究竟是什么？就已有的认知来说，北伐无疑是一场革命，一场真正意义上的“大革命”。何谓“革命”？据考，“革命”两字最早出现在《易经》中，所谓“汤武革命，顺乎天，应乎人”。此处的“革命”，无疑意味着反叛和改朝换代。换言之，就是采用非常规的方式，从根本上改变既存状态。所以，“革命”本身即包含了除旧布新的意蕴，这也使得“革命”两字具有了某种与生俱来的正当性。毫无疑问，与中国历史上发生过的“革命”一样，北伐不仅具有推翻旧政权，建立新秩序的明确目标，也具有此类革命通常所具备的“顺乎天，应乎人”的磅礴气势与正当意义。不过，与传统意义上的造反“革命”不同，北伐是一场现代意义上的大革命。历史上的汤武式“革命”，实现的只是“天下”姓氏的变换，而北伐与辛亥一样，实现的则是国家政体的变革与转型。不过，辛亥革命尽管结束了统治中国几千年的封建帝制，但真正的宪政并没有因民国的诞生而到来；北伐革命则是一场更彻底的革命，它不仅结束了辛亥推翻帝制以来社会上十多年的动荡和反复，而且用一整套“党治理论”进行了中国社会的秩序重建。正因为此，有人把 1926 年的北伐视为辛亥的继续，将国民革命视为孙中山开创革命事业的“收功”之战。然而，也有不少人对此持有异议，他们认为北伐不仅不是辛亥的“收功”，反而是对辛亥事业初衷的背离。其不争的事实是，北伐是在孙中山“民国再造”的旗帜下进行的，它在推翻北洋的同时，也一并革了“共和”的命，而这正是辛亥最主要的成果。于是，北洋统治被推翻了，但由辛亥确立的共和政体也就此在中国大陆政治舞台上消失，取而代之的是一个以高度集权为主要特征的“党治”政权。其对近代中国社会发展的影响也尚需要更长时段的历史发展去观察和检验。不过，这场革命给中国社会近代历史发展所带来的深远意义，却是20世纪任何重大历史事件也不能与之相匹的。其意义诚如著名学者罗志田在其《南北新旧与北伐成功的再诠释》一文中所言：“北伐前后那几年，可以说是中国现代历史上最关键的转折时期，后来在中国政治舞台上唱主角的国民党和共产党，都是在那段时期奠定了自己的政治军事基础。”也就是说，那场革命尽管只是昙花一现，它的影子却一直徘徊于中国政治生活当中。它不仅捩转了历史发展的路向，深刻地影响了当时那个时代，而且还影响至今。

然而，对于那样一场对中国近代发展具有如此深远影响，甚至可以认为是改变了中华民族命运的革命，从目前两岸史学界对它的研究来看，却是不尽如人意的。不仅在论断上有严重歧见，在一些基本史实上也存有不少争议。其实北伐距今已过去了整整九十年，应该说完全到了可以超越国共恩怨和摆脱意识形态束缚，用更高、更广阔的历史视域来对这场对中国近代历史发展影响巨大的革命作出客观评说的时候了，这正是我们关注这场革命，并激发起研究兴趣的初衷。此外就对“革命”的认知来说，后来一味肯定“革命”，否定“改良”的思维定式已有了变化，一如现在人们已渐渐认识到的，革命从来就是一把“双面刃”，它可以将旧社会的腐败龌龊犁庭扫穴，也可能将社会多年积累的进步成果扫荡无遗，从长期的历史效应来看，虽然革命可以在很多领域取得成功，但同样会带来非常负面的影响，由“革命”来推动的中国社会转型，必定也会因战争和流血而给社会带来长期的破坏性影响和困扰，北伐也当如是来看。革命是一时的，且明显会有急功近利的一面，社会转型则是一个缓慢的过程，不可能一蹴而就，冲击有好处，但未必能解决根本问题。

不管怎么说，这段历史已过去了将近一个世纪，无论对北伐作何评价，回到历史的现场，尽可能用真实的史料和客观的叙述，为今天的读者再现那场革命的真实情景，用心灵去倾听那个时代的各种声音，尝试用新的眼光对上世纪20年代发生的那场革命风暴重新审视并做出不同以往的解读，对我们从事历史研究的人来说，实在是一桩饶有兴味而又极具挑战性的事情。而作为实践这一构想的尝试，我们想到了本书采用的“图说”方式。也即用历史叙述与得之现场的历史图片相结合的手段，以为今天的读者更好地再现和展示这一风云激荡的历史画卷。

以图证史是中国悠久的史述编撰传统，在北伐革命风暴兴起时，中国的新闻报刊业已十分繁荣，也因此在各种报章杂志上为我们留下了北伐期间的各种珍贵图片资料，这为我们尝试用以图证史的办法来完成此书增添了信心。为完成这一《图说》，我们的研究生同学不辞劳苦，通过各种方式，搜罗并翻拍了刊于当时各类报刊和图书文献中的历史照片，之后对其进行认真鉴别和精心挑选，并配以简洁的介绍文字，以期尽可能完整地将这场革命风暴的起源、动因、进行的过程和中经的挫折，以至最后的结局，一一呈现给今天的读者。我们希望，通过这一图文并茂的表现手法，能使这本历史读物既有可读性，又具启迪性，雅俗共赏，令读者能在轻松的阅读中，走进历史，了解历史，并从中获益。不过，我们的努力是否能收到期望的效果，还有待读者的评判。如果读者对北伐历史有兴趣，就请看看我们奉献的这部《图说》吧。

1912 年 1 月 28 日，南京临时参议院成立，林森任议长。图为参议院成立时，议员们合影。

1912 年 3 月 10 日下午 3 时，袁世凯和北洋
将领在大总统就任宣誓仪式上。

1911 年 12 月 29 日，各省代表聚集南京，
推举孙中山为临时大总统。

孙中山赴南京就任临时大总统。

第一章 共和夭折：辛亥后中国新旧政体的曲折转型

一、“武人乱政”和秩序危机

袁氏当国与帝制自为

1911年的辛亥革命，成功推翻了清朝的统治，结束了统治中国数千年的封建帝制，开启了民主共和新纪元，然而帝国的终结并不意味着共和就此顺利展开。辛亥革命在南北妥协下，相对容易地取得了成功，尽管不彻底，却是一场迅速胜利、代价很小的革命。然而，也正因为此，辛亥中从西方移植来的议会制民主政体，却因在中国缺少适宜的土壤而迟迟不能得到有效确立，除了民国政坛不断上演的乱象，社会也在旧制已去、新制未立下，陷入长时期的失序、失控之中。

辛亥成果的最大收获者，毫无疑问，是以往被称为“窃国大盗”的民国第一任正式大总统袁世凯。不过，“窃国大盗”这一贬称，对袁世凯或许并不公平。辛亥武昌起义的发起者固然是革命派，但推翻清王朝却是一种合力的结果，袁世凯与他的北洋新军也是此股合力之一，而且是其中最强大，也是最起作用的一

任直隶总督时期的袁世凯。

支力量。客观而言，那个时代的袁世凯无论练新军，还是办新政，还都算得上是一个新人物。尤其是其统领下的北洋新军，就曾作为一支新式武装被视为推进中国军事现代化的先驱。正因为此，在晚清皇室权贵眼中，袁的自成势力已对他们形成威胁，袁也因此遭到贬谪和清洗。也就是说，在革命前袁世凯实际已被清皇室推向了它的对立面。武昌起义爆发后，清皇族权贵在无力镇压革命的情势下，被迫重新启用了袁世凯。袁出山后，他所依托的军事实力可观：当时的北洋新军有六万人，且装备精良，全国各地还有五六十万八旗和绿营士兵。袁完全有可能凭借这些力量置临时政府于死地，使清政权得以苟延残喘，但袁却走了另一条路。对此，孙中山曾衷心赞赏，称“项城以和平手段达到目的，功绩如是，何不可推诚？”其实，在孙中山回到国内之前，只要袁世凯能逼清廷退位，即可举袁为新政权的领袖，

南北议和的双方代表唐绍仪（左一）与伍廷芳（右一）合影。

唐绍仪在南京中华民国临时政府总统办公室前留影。

这在南方独立各省内部已形成一定共识，且各省已就此开始与袁方派出的代表谈判。所以说，在清帝宣布退位后，孙中山履行诺言交权实是必然的事。袁世凯当上民国大总统实非窃取，而是历史机遇。

在江西湖口举兵讨袁的李烈钧。

不过，袁世凯虽然从孙中山手上接过了中华民国临时大总统的职位，但对由民国所确立的共和政体却毫无认识。他接受南京临时政府所制定的《临时约法》，实为不得已。自从接过职位起，袁就开始不断抱怨自己没有权力，尤其不堪《临时约法》所规定的责任内阁制对其权力的束缚。而民初国会内部的政党纷扰，也让袁世凯觉得意志难以统一，从而认定：共和政体并不适合中国国情，辛亥“由专制一变而为共和，此诚太骤之举动”，勉强举行，终无善果。不如效仿英国、日本，改行“君主立宪”。而与其让别人去做“君”，倒不如自己来称“帝”。在这一思路下，袁世凯先是肆

护国战争中的蔡锷。

袁世凯大总统照。

袁世凯的宪法顾问古德诺（美）博士曾总结各国共和与君主的历史，撰《共和与君主论》一文，内称："中国数千年以来狃于君主独裁之政治，学校阙如，大多数之人民智识不甚高尚，而政府之动作彼辈绝不与闻，故无研究政治之能力。四年以前由专制一变而为共和，此诚太骤之举动，难望有良好之结果者也"。因此，"中国如用君主制，较共和制为宜"。

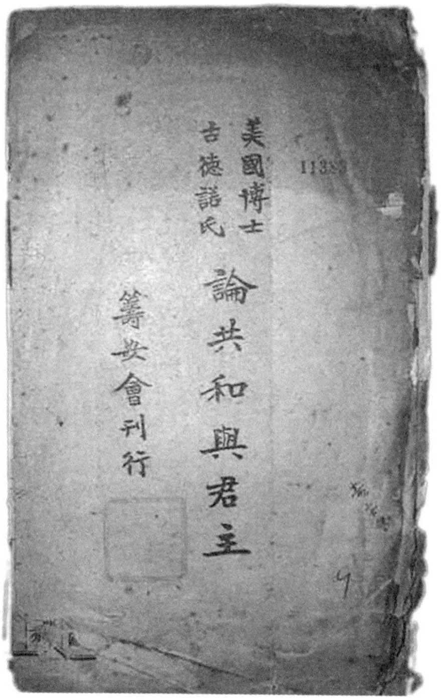

古德诺著《论共和与君主》书影。

袁世凯着龙袍像。

1914 年冬至，“总统”袁世凯举行隆重祭天仪式，为他策划登基称帝争取合法性，期望通过祭天唤起“军”、“绅”拥戴。

袁世凯天坛祭天。

意破坏责任内阁制，随后又有“刺宋案”发生。在孙中山为首的国民党奋起反抗时，袁不惜举兵镇压。同时借口国会内议员“与乱党有勾结”，宣布取消国民党议员资格，从而使国会因不足法定人数而停闭，袁也因此势焰益张，自认“天下定于一”的时机到来，于是冒天下之大不韪，加快了迈向帝制的步伐。

1915年12月12日，“洪宪帝制”终于开场。不过这场纯属自推自任、自赞自成、自请自愿、自讨自论的“帝制自为”只上演了83天，随着蔡锷在西南揭橥，“反袁护国”声浪很快席卷全国，袁世凯不仅遭到外部各方讨伐，内部也出现众叛亲离的局面。处于四面楚歌中的袁世凯，赶紧下令取消“洪宪”年号，撤销“承认帝位案”，最后在一片讨袁声中，暴病而亡。

皖系执政与北洋裂变

袁世凯称帝的失败表明，民国成立后，尽管军阀掌权，但共和理念在不长时间里已得国人普遍认同。但袁世凯“帝制自为”，以及辛

1916年8月1日，国会重开时合影。

《中华民国临时约法》。

亥后中国社会出现的问题和乱象，也折射了辛亥的缺课。袁世凯称帝虽然失败了，然共和政体在中国的命运如何，还须看社会各种力量博弈的结果。

袁世凯去世后，《临时约法》与民初国会得到恢复。然而，由于国家政权仍掌握在北洋军人手中，国家权力运行中起主导作用的仍然是“实力”政治的规则。掌握实权的国务总理段祺瑞虽在袁氏帝制自为时，未予附和，但骨子里也是与他老师一样，信奉武力与军权。况且有《临时约法》所规定的责任内阁制，段祺瑞更把总统黎元洪视作摆设。黎元洪也因担心自己的位子不稳，乃与国会中国民党议员联手，抗衡段氏专权，结果演变成府、院之间的激烈冲突，并在“参战案”上集中爆发，进而导出张勋复辟闹剧一幕。黎、段府院之争，最终还是以黎败段胜的结局落下帷幕。

段祺瑞再次组阁后，因旧国会中国民党议员曾在参战问题上与之为难，故对旧国会耿耿于怀，原国会中的“研究系”阁员也因在旧国会中人数较少，无法实现其政策，竭力不主张恢复原国会。于是段祺

袁世凯死后，黎元洪于1916年6月继任大总统。

1917年7月，躲入北京荷兰公使馆的“辫帅”张勋。

国务总理段祺瑞。

瑞乃宣称民国已为复辟之役所中断，在旧国会已被解散、新国会尚未成立期间，援引“民元成例”，召集临时参议院，代行国会的立法权，并由这个国会的临时立法机关修改国会组织法及参众两院议员选举法，之后根据新法召集新国会，以此排斥国会中的国民党议员，结果激起国民党的反抗。孙中山南下广东，在南方发起了以恢复旧国会为条件，以捍卫旧约法为目的的护法运动。这使护国运动中已形成的南北对立，不仅没能弥合，反而更为严重，8月25日，孙中山在广州召集国会非常会议，发布《中华民国军政府组织大纲》，

段祺瑞在天津纠集北洋部属，组织了一支“讨逆军”，7 月 3 日在马厂誓师，分东、西两路沿京汉、津浦向北京进攻，图为“讨逆军”实施攻击。

段祺瑞部“讨逆军”在东安门与张勋的“辫子军”交战。

1917 年 5 月 22 日督军团合影。前排右起：蒋雁行、曹锟、张怀芝、孟恩远、王占元、李厚基、阎锡山；中排右起：徐树铮、师景云；后排右五起：倪嗣冲、陈光远、靳云鹏。

组建护法军政府，9 月 10 日就任海陆军大元帅，正式形成了南北两个政权的对峙。

除南北对峙外，由于袁死后，北洋团体重心顿失，内部矛盾也渐滋生。与段祺瑞同为北洋魁杰人物的冯国璋，在张勋复辟被平定后，以副总统资格出来代理总统。因段为内阁总理，掌握政权，自恃

1917 年 9 月 10 日，孙中山南下“护法”就任陆海军大元帅时与同仁合影。

1916 年北洋团体直系领袖冯国璋就任中华民国副总统。

功高，不可一世，冯怕像黎一样受制于段，于是自树势力，笼络了长江三督，再加上直隶的曹锟，构成了北洋中能与段为首的皖系相匹的直系势力。双方初时尚能以“北洋团体利益”相号召，维持表面的一致，后在“对南用兵”上出现分歧，冯为扩大影响，以“和平混一”对段的“武力统一”，更有直系军人通电议和，致段祺瑞用兵失败而辞职。后来在皖系军人施压下，段祺瑞再起组阁，但直、皖裂痕更加扩大。

1918 年 8 月，在皖系“安福俱乐部”政客一手操纵下完成了选举，时称“安福国会”。9 月，安福国会选举总统，为实现“合法倒冯”，也为暂缓北洋内部的矛盾，段祺瑞采取了与冯一起逊位的手法，另由安福国会推戴北洋老人徐世昌出任民国大总统，而段自己则专任参战督办，方便自己以“参战”为名，购买军火、训练军队，以厚植

皖系安福俱乐部的策划人徐树铮。

长江三督之一湖北都督王占元。

长江三督之一江苏都督李纯。

长江三督之一江西都督陈光远。

徐世昌完成就任总统仪式后与众官员的合影。前排中握手套者即徐世昌，前排左六为朱深，左七为国务总理钱能训，左八为外交总长陆征祥，左九为曹汝霖，左十为海军总长刘冠雄，左十一为傅增湘。

根基。然时逢日本一心扩大对华侵略，在“日支亲善”的口号下，日本改用“经济提携”和“对华举债”的方式，谋取在华利益。而段氏及其皖系团体，为巩固其一派在中央的地位，冒险从日本人那里寻找财源，结果给日本人钻了空子，在签署借款合同和就山东问题换文时，中国驻日公使章宗祥的一张写有“欣然同意”四字的字据，成为战后巴黎和会上日本用来拒绝交还山东权益的借口，成为和会上中国外交失败的一个重要原因，外交的失败成为引发五四爱国运动的导火线。

五四爱国运动后，皖系成了人人喊打的过街老鼠，在四面八方的声讨中，直系也与国内沸腾的反皖声浪相配合，乘机向皖系发起政治攻势。而这一时期，在东三省已积累起雄厚实力的奉天军阀张作霖，也因其与段氏心腹、时任西北边防总司令的徐树铮的矛盾，与直系相联络，再加上河南督军赵倜，组成了八省反皖联盟。1920 年 7 月，皖系内部因靳云鹏、徐树铮矛盾发生安福系倒阁事件，直系曹锟、吴佩

靳云鹏

梁士诒

张作霖

章宗祥

直皖两军在松林店一带激战。

孚借机联合奉系，联手发起“兵谏”，要求驱逐徐树铮，解散安福国会、直皖战争因此爆发，北洋实力派内部斗争走向公开，从此拉开了北洋军阀混战的序幕。

段祺瑞

从1916年6月袁世凯毙命到1920年皖系在直皖战争中告败，北京政府的大权基本上由以段祺瑞为首的皖系军阀所控制。从体制上说，自段祺瑞在府院之争中击败黎元洪后，北京政治由府院对立复归为内阁主导，不过其时的内阁因完全由皖系控制而变为服务于“武人政治”的工具。在这种“武夫治国”的政治现实下，由于北洋军系的分化，武人干政愈演愈烈，国会、府、院均成权力角逐的舞台，演出了一幕幕“毁法”与“护法”同时进行或交替上演的闹剧。而在中国西南各省云、贵、川、桂、粤、湘等地，由于中央权威的削弱，也出现了相对独立的、分裂为许多派系的地方军阀，加上孙中山在南方的“武力”护法，民国由此进入了典型的分裂型政治时期。

“法统重光”与曹锟贿选

直皖战后，中央权柄初由直、奉两派军人分掌。由于皖系战败，安福国会也随之倒台。不过，原在安福国会中任内阁总理的靳云鹏，因曾被安福系阁员“倒阁”，故直皖战后，仍复任总理一职，但因无法解决财政问题，不久后便去位。奉系乃提名亲奉、且有“财神”之称的交通系领袖梁士诒继任国务总理，但这一提案为吴佩孚反对。时正值华盛顿会议召开，吴佩孚借日方提出“借款赎路”一事做文章，指责梁士诒“卖国”，坚决要求“罢梁”，直、奉双方由此展开激烈的互相攻击的电报战。1922 年直奉大战爆发。战争结果，直系大胜，张作霖及其奉军被赶回东三省。

奉系被驱逐后，中央政权完全由直系控制。直系实力派领袖吴

1922 年 2 月张作霖下令进行野战演习，这实际上是第一次直奉战争的前奏，图为奉军骑兵野战演练。

佩孚为重建秩序，提出“法统重光”口号，欲恢复中华民国法统，让当初被皖系赶下台的黎元洪重新出来续上总统一职，同时恢复民元《临时约法》和“民六”国会，达到一石三鸟的目的：其一，把皖系安福国会选出的总统徐世昌赶下台；其二，让孙中山的南方军政府失去“护法”借口和存在的合法理由；其三，往自己脸上贴金，为直系领袖曹锟合法登上“总统高位”作好铺垫。为达到此目的，在吴佩孚支持下，甚至还成立了一个以当时颇负时誉的外交俊彦人物以及知识界名人为主的所谓“好人内阁”，阁中虽然也有代表直系曹、吴的人物，但阁揆由王宠惠担任，总长分别为外交部长顾维钧、财政部长罗文干、教育部长汤尔和等。这也为这一时期的直系，特别是吴佩孚在社会上换来一定的声誉。

吴佩孚

然而，吴佩孚的政治运作虽然聪明，却并不被其时为直系领袖的曹锟左右所谅。直系内部虽“曹吴”并称，但仍有“保派”与“洛派”之分。“好人内阁”因被视为“洛派政府”而为“保派”所忌，于是有了“罗文干案”的发生。时为众议院院长吴景濂得曹锟支持，在国会指控财政总长罗文干“私签奥款合同”，有“受贿”之嫌，并将罗非法拘捕，在“保”、“洛”相争中，王宠惠内阁陷入危机。曹、吴并无根本分歧，也不想因此导致直系分裂，见直系督军多附和曹锟，吴佩孚乃发电声明“拥护黎总统，服从曹使，对罗案不再置喙”，王阁于是提出总辞，“好人内阁”仅存在两个月便草草收了场。

王宠惠

吴景濂

张绍曾

王阁既倒，总统黎元洪拟以不属于任何派系的政界元老汪大燮出面组阁。汪勉为其难接受了代理任命，但发表声明，表示代理期不超过十天。黎又推王正廷暂代揆阁，王非直系中意之人，故在任上也不到一月，最后，黎元洪提出由张绍曾出面组阁，张时任陆军总长，为恢复法统奔走有力之人，与吴佩孚谊属姻娅，与曹锟也较接近，但出而组阁后不久，却又因主张南北“和平统一”后再行总统选举，有违曹锟意愿，又面临“保派”倒阁……也就是说，在黎元洪再次出任总统不到一年中，内阁换了几茬，一月数变，近乎玩笑。可见，“代议制”政体中用来进行权力制衡的制度设

1923 年 6 月 13 日黎元洪最后签署命令时的情景。

计，在北京政府时期，成了军人、政客进行派系权力竞逐的战场，不仅不能呈现制度设计的良性功能，反成腐蚀政体本身的痼疾和致命伤。在如“走马灯”般不断出现的“阁潮”中，所谓的“法统重光”也渐渐褪去了曾有的光环。

1923 年，黎元洪任期将满，直系“保派”欲把曹锟推上“总统”宝座，早已急不可耐。于是在吴景濂示意下，国会中就有议员提出“解释任期案”，称黎元洪此次复职，为补足洪宪改元迄袁氏死亡之日，而黎自复任迄今早已超过任期，应立即自动退位，由国务院摄行总统职务，速组总统选举会，产生次任大总统。不过，国会中也有一些议员主张应先公布宪法，再选总统，这样黎的任期就要拉长。于是两派在国会中互相争持，久延不决，直系的“保派”军人于是不再有耐心等待，干脆行动起来，指使军警以“索饷”为名闹事，继又组织“公民团”示威，更使出切断总统府水电等手段，迫黎退位“让贤”。在此情势下，黎元洪在京无法再待，于是径赴天津一避。在天津车站

曹锟

又被直隶省长王承斌扣留，上演了“劫车夺印”的一幕。

黎元洪被赶走后，为让曹锟早登大位，由直系主导，召集国会开会。不过，国会参、众两院中也有议员愤于军阀乱国，有的南下，有的避去天津。直系担心曹锟得不到足够的选票，乃不惜高价收买议员，于是便有了“曹锟贿选”一幕的上演。国会议员中或经不起金钱诱惑，或慑于强势军人的威胁，或甘心为直系所用的，在接受了曹锟的高额“出席费”后，于1923年10月5日投票选出曹锟为大总统。这些议员也因此得了“猪仔议员”的骂名，国会也被称为“猪仔国会”。曹锟虽因贿选当上了总统，但直系形象也因之一落千丈。

为给直系找块可以掩盖“贿选”丑行的遮羞布，曹锟上台后于1923年公布了《中华民国宪法》(也叫“曹锟宪法”)。该宪法如仅从立法角度看，倒是中国第一部以宪法名义颁布的根本大法，其中的条款规定，在体现“主权在民”以及对总统权力限制方面，较之以往的约法来讲，是向前推进的。不过，由于该宪法产生于“猪仔国会”，名声不佳，在社会各界也很难得到认同。宪法、国会本是“宪政民主”的灵魂，而自民国建立以来，因武人几度弄权，宪法横遭践踏，早已失去往日神圣。第一届国会也在经历了袁世凯解散、段祺瑞恢复、黎元洪解散、曹锟再复的几番折腾后，成为了军阀手中的玩物。至曹锟“贿选”发生，议员因出卖人格威信扫地，所谓“宪政共和”完全成了躯壳，其效能开始受到社会的普遍质疑。

二、孙中山放弃宪政共和寻求新的出路

“刺宋案”后孙中山再举“革命”旗

孙中山在早期从事反清斗争时，是把在中国实现英、美等国议会民主制作为奋斗目标的。辛亥后，也一度为袁世凯赞成“共和”的表象所迷惑，认为专制政体已废，民主政制建立，于是怀着乐观的希望，在辞去临时大总统后，开始谋求经济和民生之发展，认为民国大局“必先从根本下手，发展物力，使民生充裕，国势不摇，至政治乃能活动”。这一想法下，孙中山一度放下了对政治和党事的热心，转而致力于全国铁路建设规划。其领导下的同盟会，也由原先的秘密会社性质，改组成公开政党，并在宋教仁的积极活动下，以同盟会为基础，联合统一共和党、国民公党、国民共进会及共和实进会四个

3月29日，孙中山出席临时政府各部总次长、卫戍总督、各军师旅司令官举行的饯别会。图为宴会后留影。

1912 年 4 月 1 日，孙中山亲自去参议院宣布正式解除临时大总统一职。图为孙中山向临时参议院辞职时与议员合影。

1912 年 4 月 3 日，孙中山辞职赴上海前，在南京与黄兴等人合影。

袁世凯的内阁成员。前排右起：总理唐绍仪、外交总长胡惟德、海军总长刘冠雄、工商总长王正廷、教育总长蔡元培；后排右起：国务院秘书长魏宸组、司法总长王宠惠、陆军总长段祺瑞、交通总长施肇基、农林总长宋教仁。

就任铁路督办的孙中山在张家口。

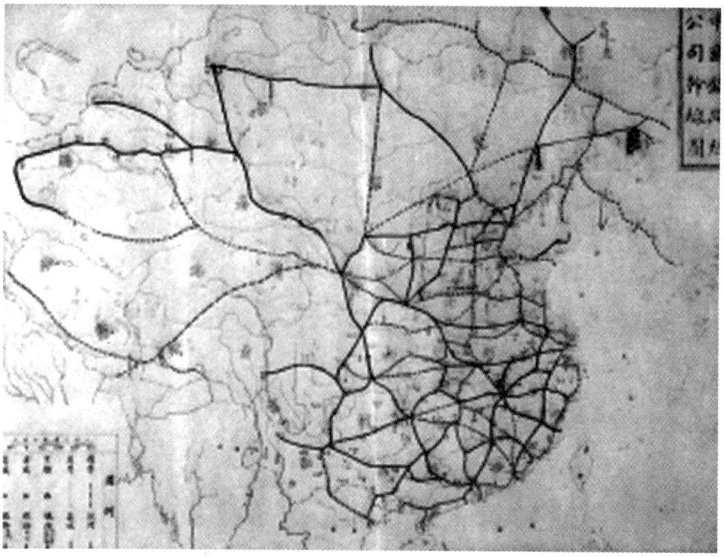

中国铁路总公司干线图。

党派，共同组成了以“巩固共和、实行平民政治”为宗旨，以“国民党”命名的现代政党。党务由宋教仁主持，孙中山为理事长。国民党成立后，很快声势大振，不仅党员人数增加，在国会参众两院的席次也占据了优势。不过，孙、宋等希望通过政党竞争，争取国会中多数席位，进而由国民党组成责任内阁来限制总统集权，形成代议制民主政治的设想，与袁世凯试图依靠集权建立统治权威的想法相差很远。在无法容忍，也无法阻止宋教仁等在国会中活动的情势下，原本就对责任内阁制心怀不满的袁世凯不惜采用暗杀手段来对付宋教仁，于是有了“宋案”的发生。

“刺宋案”的枪声惊醒了孙中山，在如何应对上，当时的国民党内部存在不同意见：有主张武力讨袁的，也有主张谋求法律解决，争取“依法处置”的，两派争论激烈。在这场争论中，孙中山为持前者主张者。1913 年 4 月 26 日，孙中山与黄兴一起发出联名通电，要求追查凶手，同申公愤，同时积极活动军事倒袁。而这时的袁世凯也已下了剿灭孙、黄势力的决心，在国民党三都督宣布独立后，立即出动

1913 年 3 月，孙中山与黄兴等人在上海横滨正金银行商讨集资讨袁时合影。

遇刺身亡的宋教仁。

北洋军镇压。革命党人则因举事匆促，准备不足，在北洋军的大举进攻下，国民党控制下的南方诸省政权和军事力量很快就被北洋军剪灭，“二次革命”告败，继而国民党在国会中的力量也受到严重打击。

“二次革命”被镇压后，袁世凯借口国会内议员“与乱党有勾结”，宣布取消国民党议员资格，从而使国会因不足法定人数而停闭，各省省议会也因国民党籍议员被取消资格而陷于停顿，

在皖参与“二次革命”的安徽都督柏文蔚。

在江西湖口举兵讨袁的李烈钧。

宣布“江苏独立”的程德全。

经辛亥革命在中国初步建立起来的民主宪政制度就此失去了正常运行的舞台。而这时的孙中山，也已不再对“议会政治”抱幻想，而是开始回归革命，致力于武力相抗，于是誓约“统帅同志，再举革命，务达民生、民权两主义”。

孙中山谋求“集权”重建中华革命党

执政党当不成，还当革命党。“二次革命”失败后，孙中山痛定思痛，总结教训说：“当时予以服从民意，迫而牺牲革命之主张，不期竟以此而种今日之奇祸大乱也。”于是认定这次举事失败，“非战之罪也”，也“非袁氏兵力之强”，实“同党人心之涣”，致使“内部纷歧，步骤凌乱，既无团结自治之精神，复无奉令承教之美德。致党魁有似于傀儡，党员有类之散沙。迨夫外侮之来，立见摧败；患难之际，疏如路人”。有鉴于此，孙中山为了实现他的革命目标，决定舍弃国民党，重组一个他认为理想的革命党。经过半年多的思考和酝

1914 年 7 月 8 日，孙中山于中华革命党在东京成立时与同志的合影。

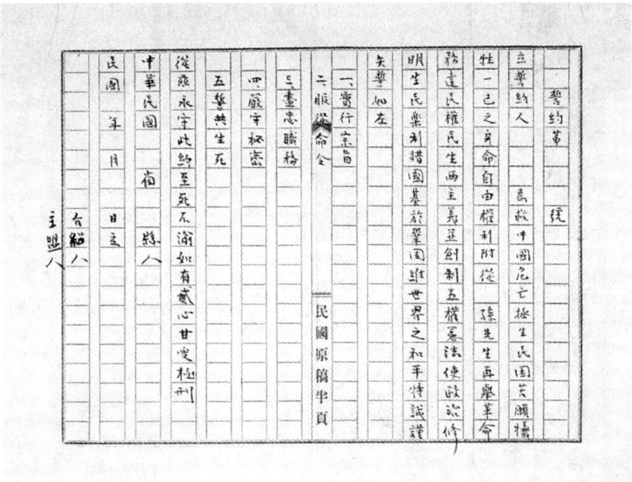
誓約書
立誓約人　　　　為救中國危亡拯生民困苦願犧
牲一己之身命自由權利附從孫先生再舉革命
務達民權民生兩主義並創制五權憲法使政治修
明民生樂利措國基於鞏固維世界之和平特誠謹
矢誓如左
一、實行宗旨
二、服從命令
三、盡忠職務
四、嚴守秘密
五、誓共生死
從茲永守此約至死不渝如有貳心甘受極刑
中華民國　　省　　縣人
民國　年　月　日立
介紹人
主盟人

中华革命党入党誓约书。

酿，1914 年 7 月 8 日，“中华革命党”在日本东京成立。

孙中山重新组党的主要目的，是为了克服以往组织散漫、各自为政的积弊，以适应革命的需要。为使新造的党和党员能担负起执行“革命”任务的严酷使命，在孙中山重建的中华革命党中，不仅采取了家长制的组织形式，确立了尊他个人为领袖的“党魁制”，要求入党的人，必须绝对地、无条件地服从他的命令，听从他的指挥；甚至还如同中国民间传统的秘密结社一样，要求入会者宣示效忠，并按手印。孙中山甚至亲自手拟了以下“入党誓词”：“立誓人：某某为救中国危亡，愿牺牲一己之身（生）命自由权利，附从孙先生。再举革命旗……掬诚谨誓如下：一、实行宗旨；二、服从命令；三、尽忠职守；四、严守秘密；五、誓共生死。从兹永守此约，至死不渝。如有二心，甘受极刑。”

在组建中华革命党过程中，孙中山在中华革命党内确立了由他本人独揽乾纲的党魁制之外，还对国家政体问题作出重新思考，更萌生了由他的“一党”独占政权的主张。辛亥南京临时政府时期，孙中山一度对“多党政治”十分赞赏，尤推“两党制”，认为“政党之作用，在提携国民以求进步也。甲党执政，则甲党所抱之政策尽力施行

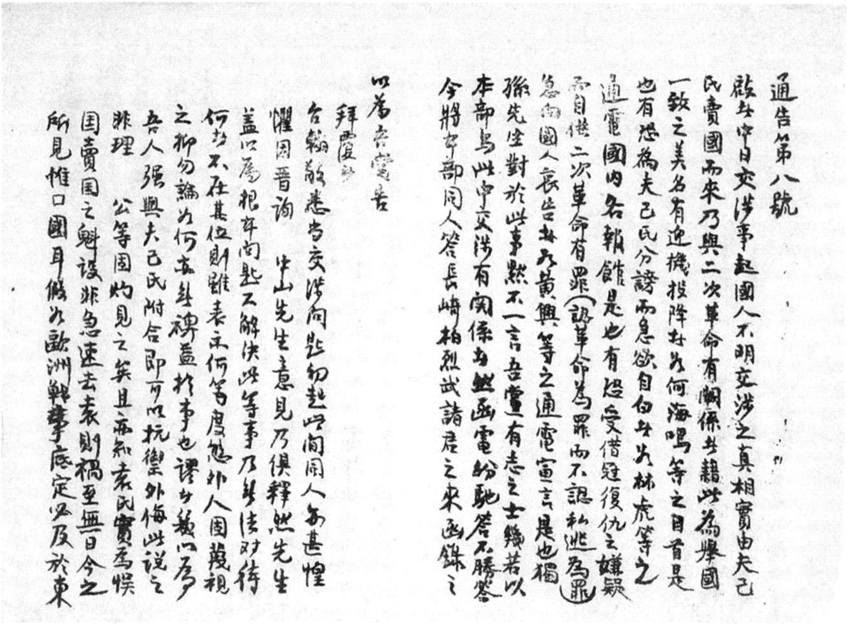
通告第八號
啟者中日交涉事起國人不明交涉之真相實由夫己
氏賣國而來乃與二次革命有關係者藉此為舉國
一致之美名有逆機投降者如何海鳴等之自首是
也有恐為夫己氏分謗而息欲自白者如林虎等之
通電國內各報館是也有恐受借題復仇之嫌疑
而自從二次革命有罪（認革命為罪而不認私逃為罪）
為向國人哀告者如黃興等之通電宣言是也獨
孫先生對於此事默不一言吾黨有志之士幾若以
本部與此中日交涉有關係者然函電紛馳答不勝答
今將本部同人答長崎柏烈武諸君之來函錄之
以為吾黨告
拜覆者
台翰敬悉當交涉問題初起時同人亦甚惶
懼因晉詢 中山先生意見乃俱釋然先生
蓋以為根本問題不解決此等事乃無法對待
何也不在其位則雖表示何等態度外人固藐視
之抑勿論其何表示裨益於事也譯其義以為
吾人 張興夫己氏附合即可以抗禦外侮此說之
非理 公等固灼見之矣且亦知袁氏實為誤
國賣國之魁設非急速去袁則禍至無日今之
所見惟以國耳假如歐洲戰事底定必及於東

中华革命党重要文书。

之；而乙党在野，则立于监督之地位焉。有不善者，则纠正之，其善者则更研究至善之策，以图进步焉。”不过，民国以来政党政治的实行，并没有如孙中山所期望的那样产生互相策进的功效。相反，却因多党议会制民主缺乏程序共识，加上国会中畸形、恶性的无序化政党竞逐，让孙中山对多党政治的功效产生了严重怀疑。“宋案”发生后，孙中山决计用革命手段“再造民国”，然而，再造后的民国将确立怎样的秩序呢？孙中山此时的头脑中，对此并不清晰，但有一点似已有定，即新造的民国不再如以前那样照搬西方的多党政治，国家政治舞台上也将不再需要相互竞争的势力。用孙中山自己的话来说，就是革命成功后，“非本党不得干涉政权，不得有选举权，固将来各埠选派代表，非本党人不可”。从推崇“两党制”，到追求“一党独大”，这是这一时期的孙中山思想转换的最重要的标志，也是嗣后孙中山接受苏俄“党治”国家模式的一个可以看得见的思想起点。

孙中山两次开府受挫“护法”难以为继

“二次革命”的发动和“中华革命党”的组建，表明曾经参与西方式政党政治的孙中山开始回归革命路线。但其时的孙中山对“议会制”政体尚未完全丧失信心。讨袁军事结束后，国会重开，孙中山曾一度停止了中华革命党活动。不过，其时的北京政权因由皖系掌控，很快爆发黎、段“府院之争”，导致张勋复辟，国会也被迫解散。其后，再起组阁的段祺瑞，因国会中国民党议员曾与黎元洪联手，搁置“参战案”的通过，对旧国会耿耿于怀，不愿恢复。这立即激化了他与国会内国民党议员的矛盾，于是孙中山再次组织力量以“护法”名义抗皖。

1917 年 7 月 3 日，孙中山于上海召集在沪陆海军及国民党要人商讨“护法”大计，决定另行召集国会，组织临时政府。时任两广巡阅使的陆荣廷因不愿再受北京政府节制，表示欢迎孙中山入粤“护法”。翌日，孙中山致电参、众两院议员，号召南下。海军总长程璧光率先响应。7 月 6 日，孙中山偕章太炎、朱执信、廖仲恺、陈炯明等率

1917 年 8 月 25 日，国会非常会议在广州开幕。图为孙中山与议员合影。

1917年9月1日，国会非常会议选举孙中山为中华民国军政府海陆军大元帅。图为孙中山着大元帅服戎装照。

七总裁之岑春煊。

七总裁之唐继尧。

七总裁之陆荣廷。

护法时期的海军总长程璧光。

“海琛”、“应瑞”舰先行离沪，19日抵达广州。8月5日，程璧光也率其第一舰队军舰十艘，到达黄埔。而当时控制滇、黔两省地盘的云南督军唐继尧，也继陆之后宣布加入“护法”。8月中旬，到达广州的国会议员达150余人，因尚不足法定人数，乃决定效法法国大革命前夕第三等级代表举行国民议会的先例，召开“国会非常会议”。25日“非常国会”开幕，会上通过《军政府组织大纲》，推举孙中山为军政府海陆军大元帅，唐继尧、陆荣廷为元帅，同时做出章炳麟为军政府秘书长，李烈钧为总参谋长，林葆怀为

七总裁之伍廷芳。

七总裁之唐绍仪。

海军总司令，许崇智为大元帅府参军长等一系列重要任命，并由“非常国会”通过了军政府各部总长名单。9月10日，孙中山发表就职宣言，护法运动正式开始。

南方“护法”开始后，段祺瑞决计“武力统一”，发兵两路讨伐，一路对川，一路对湘，护法之役爆发。10月18日湖南零陵镇守使刘建藩等通电宣布湘南自主，陆荣廷指挥两广军队援湘，唐继尧也亲率滇黔军队援川，分别与南下的北洋军队交战。正当战况胶着时，北洋直系将领通电议和，段祺瑞攻湘兵败，长沙为南军所得。不过，南军并没有继续乘势北上，而是做出响应“停战”的表示。桂、滇军阀虽然标榜“护法”，但其意却在保住地盘，因此在川、湘战事取得一定成果后，也就不想再打。对此，孙中山极为恼火。其实，自孙入粤“护法”后，滇、桂军阀对孙中山就采取了阳奉阴违态度，不仅托辞对军政府的组织原则及选举结果不满，迟迟不就元帅职，甚至要求取消“元首制”，改采“合议制”。此议也得到军政府中一些国民党“政学系”人物的支持。为争取西南实力派联合护法，1918 年 5 月国会非常会议三读通过《军政府组织大纲修正案》，决定军政府改行总裁合议制，选举唐绍仪、唐继尧、陆荣廷、伍廷芳、孙中山、林葆怿、岑春煊等七人为军政府政务总裁，军政府领导权实际落入桂系为首的西南实力派手中，孙中山虽是“七总裁”之一，却处于无权地位，受到排挤的孙中山在“护法”主张难以实现的情况下，于 1918 年 5 月 4 日发表了《辞大元帅通电》，声称“南与北如一丘之貉”，愤而离粤，前往上海，第一次护法运动以失败告终。

孙中山回到上海后，总结了此次“护法”失败的教训，认为“辛亥之结果，清室退位而止；丙辰之结果，袁氏取消帝制而止”，皆因没有将革命进行彻底，而党内“中心力量”的缺乏也是主因之一，固“根本着想，非整理党务、先固内力，不足以及时奋起”。为凝聚“党心”，发挥“党力”，孙中山又将中华革命党改成中国国民党，为发起“二次护法”做了一定的干部和组织准备。正当孙中山在沪筹谋二次发动时，南方局面也出现了若干有利于孙中山的变化。首先是南北

1919 年，唐绍仪作为南方军政府代表，至上海参加南北议和。

1919 年南北议和会场。

“和谈”的破局。孙中山离去后，滇、桂军阀主导下军政府一度与直系达成妥协，双方签订了停战协定。而新出任北京政府大总统的徐世昌，因不甘完全受制于皖系，也赞同南北和谈，于是有了 1919 年 2 月在上海召开的和平会议。不过，是会尽管舆论很大，时间很长，但终因双方分歧太大，数度僵持后，未果破裂。这似也印证了孙中山“革命论”的正确。此外，广州的军政府在孙中山离去后不久，内部因桂系与滇系争夺驻粤滇军指挥权而发生内讧。随着滇、桂军阀矛盾加深，唐继尧开始转向孙中山。而军政府中的大部分国会议员也因不满桂系专制，离粤出走。并于 6 月 3 日发出“四总裁（孙中山、唐绍仪、伍廷芳、唐继尧）联名通电”，揭露桂系假护法的行径，在这种情况下，孙中山认为打垮桂系军阀时机已到。1920 年下半年，孙中山向驻闽粤军陈炯明发出回师广东指令，望他驱逐桂系，夺回两广，以为革命基地。援闽粤军进展顺利，10 月底攻占广州。11 月 25 日，孙中山偕同唐绍仪、伍廷芳等由上海回广州重组军政府。29 日举行第一次政务会议，推举各部部长。内务属孙中山（兼），以唐绍仪、唐继尧、陈炯明、伍廷芳、徐谦、汤廷光、李烈钧分任财政、交通、陆军、外交、司法、海军、参谋部等各部部长，由此开始了第二次护法运动。

孙中山第二次广州开府，虽然打的仍是“护法”旗号，但跟第一次不同，概因其时正值直皖战后，皖系已被直系推翻，而直系倒皖打的也是“护法”的旗帜，且正以“护法”统一南北，这让孙中山感到只打“护法”的旗帜，“解决不了根本问题”，认为“护法不过矫正北政府之非法行为，即达目的，于中华民国亦无若何裨益。况护法乃国内一部分问题，对内仍承认北京政府为中央政府，对外亦不发生国际上地位之效力”。所以，“必须建立正式政府”，武力打倒军阀，统一中国。于是，孙中山此番开府广州，乃谋正式政府之成立。在 1921 年 4 月召开的国会非常会议上，孙中山被举为非常大总统。5 月 5 日孙中山宣誓就职，依照国会授权，军政府撤销，设总统府于广州观音山南麓的旧粤督府，这是孙中山第二次在广东建立政权。

1921 年 5 月 5 日就任非常大总统时的孙中山与宋庆龄。

孙中山广州开府，目的是推翻北京“军阀”政权，所以，以尽早启动北伐为目标，6 月下旬即命陈炯明领军“西征讨桂”，9 月底粤军攻占广西龙州，陆荣廷逃往越南，之后避居上海。旧桂系军阀的瓦解，为广东革命政府解除了后顾之忧，北伐又被提上议事日程。孙中山在欢宴讨桂凯旋归来的将领时，重申了“统一中国，非出兵北伐不为功”的信念。10 月 8 日，孙中山向国会提出北伐议案，12 月 4 日，孙亲抵广西，在桂林组建陆海军大元帅大本营，不料整军待发时，却

孙中山退至永丰舰指挥反击陈炯明叛乱。

1922 年 6 月 16 日，陈炯明炮击总统府，孙中山避难永丰舰；图为 1923 年，蒙难一周年孙中山夫妇在永丰舰合影留念。

受到陈炯明阻挠。陈不仅不支持孙的北伐，还将入桂粤军回撤广东。孙无奈之下，只好班师回粤，另设大本营于韶关，改道江西北伐，同时免去陈炯明的广东省长、内务部长及粤军总司令职，留任陆军部长，以冀其悔悟。陈炯明并不听劝诫，其部下粤桂边督办叶举更于6月16日在广东发起变乱，炮轰观音山，围攻总统府，孙中山登上永丰舰讨逆，率领海军舰队与叛将周旋55天后，离舰去了上海。

“陈炯明叛孙”原因何在？尽管解说很多，但理念有别肯定是主要原因，因为这时的陈炯明已开始热衷于地方自治，反对军治、党治。而孙中山的理想恰恰相反，多年来一直孜孜以求的是推翻北洋，并不惜以武力去达成。故两相冲突必不可免。陈炯明之变，给孙中山的打击是相当沉重的，它不仅结束了孙中山在广州的第二次开府，还让孙中山多年经营之南方“护法”基地毁于一旦，甚至他本人的立足之地也因此而丧失殆尽。而其时“护法”的旗帜，也被正在鼓吹“法统重光”的直系领袖曹、吴高擎在手，孙中山的“武力护法”，已很难再得到国内舆论认同，出路在哪里？革命接二连三地挫败，使孙中山深陷苦恼之中。

三、“五四”后中国往何处去的多重前景

新文化运动的变奏和救亡风潮的掀起

辛亥以后，端坐朝堂的皇帝没有了，但人心中的皇帝还存在。为扫除人心中的“皇帝”，真正为共和立基，1915年9月，激进民主主义者陈独秀从日本返国，在上海创办《青年杂志》（自2卷1号起改称《新青年》），揭开了新文化运动的序幕。

陈独秀

新文化运动打出了“民主”和“科学”的旗帜，以毫不妥协的姿态，把攻击矛头指向维护封建专制和皇权的旧思想、旧道德、旧文化，在国内知识界首先掀起了思想的巨澜。由于北洋时期中央权威的极度低落，尽管政坛上乱象纷呈，思想文化界却出现了前所未有的繁荣。偶像被推翻了，禁锢被去除了，社会无需“定于一”了。思想的闸门打开后，国内新知识分子群体的组织纷纷成立，各种外来思潮也纷沓地进入了中国，有大谈无政府主义的，也有鼓吹社会改良的，什么蒲鲁东主义、巴枯宁主义、托尔斯泰的泛劳动主义，乃至日本小路实笃的新村主义等，但凡是新的，都被拿来试了一试。

庆祝一战结束，北洋政府在太和殿阅兵。

1918 年 11 月 28 日，大总统徐世昌在太和殿阅兵式上致词。

不过问题也随之出现了，新文化运动对传统的批判，也引来了不少非议，尤其是运动中一些惊世骇俗的口号的提出，一些光怪陆离的现象的出现，更为一帮“老先生们”所诟病。然而，这只是大潮中几丝杂音，“要救国、学外国、学西方”，这在新文化运动高潮中似已成为新文化人的共识。然而，学西方真的能救得了国吗？这个问题，在新文化运动初期答案是确定无疑的，然而在经历了五四运动以后，答案似乎变得模糊了。

五四运动与新文化运动有着密切的关联，救亡需要启蒙，启蒙是为了救亡，这两者本来是并行不悖的，也正是因为有了新文化运动的洗礼，当中国权益在巴黎和会上面临被牺牲、被出卖时，才会有知识界首先站出来，要求“外争国权，内惩国贼”，并得到国内上上下下各界的支持和响应。然而，让中国人失望的是“公理并没有战胜

1919 年梁启超与参加巴黎和会的中国代表合影。

强权”，首先是欧战的发生，让西方资本文明的弊端暴露无遗，而巴黎和会上列强的“分赃”，更使不少对西潮十分推崇的中国人有一种“被老师欺骗”的感觉。而“五四”激发起来的民众爱国风潮，虽然取得了罢免曹、章、陆和拒签和约的些许成果，但巴黎和会上中国外交的失败，以及国内军阀当道依旧的黑暗政治，却使五四时期一大批充满救亡情怀的知识分子陷于深深的失望之中。中国出路在哪里？这一问题成为这一时期很多知识界人士苦苦求索的焦点。而中国的邻居俄国在列宁领导下取得“十月革命”的胜利，恰于此时为中国人提供了一个可效仿的榜样。

当 1917 年 11 月俄国爆发革命的时候，中国国内舆论最初的反映是“惊愕”“困惑”，乃至“忧虑”。然不久后，由于苏维埃政权日渐巩固，国内一些报刊对俄国革命的态度开始有了转变，但在 1919 年开始的那些日子，包括最早向国人宣传“布尔什维克主义胜利”的李大钊，也并不赞成中国要“步俄国阶级压迫的后尘”，进行“流血革命”。不过，在经历“五四”后，这一切都起了变化。有关俄国的谣言渐渐鲜有人信了，过去相信俄国“充满了残杀、掳掠、奸淫的罪恶”

1919 年 5 月 4 日下午，北京大学的游行队伍向天安门进发。

五四运动期间，北京大学和清华大学的学生在街头演讲。

五四运动中上海商界罢市游行。

五四运动中的上海街头。

的人，现在反倒觉得这种消息“真是奇怪极了”。尤其是俄国面对十四国武装干涉和制裁，竟然日益壮大和巩固，这让本来就对资本主义贫富悬殊的现象心怀恐惧的中国知识分子不能不看好这种俄国的主义，许多人甚至在某种程度上相信“十月革命”的道路是可行的了。因此，当苏俄政府 1919 年第一次《对华宣言》发表之后，国内进步舆论界给予了极高的评价。一些激进的知识分子大声宣布，“俄国布尔塞维克的主张，已经得到世界人类一部分的同情，不是军阀政府等威权可以抵抗了”。他们疾呼要与俄国人民“携手并进”、“通力合作”，“共同铲除压迫社会的军阀、官僚、政客和资本家”。

由于近代中国长期受资本列强的欺凌，五四运动在中国民众中激起了广泛的爱国热情。在高亢的“救亡”呐喊中，民族主义开始了持续发酵和升温，并使卷入者开始身不由己地把救亡图存视作压倒一切的头号大事，新文化运动所伸张的对个体尊严、个人权利的尊重，对自由、平等、民主、民权美妙理想的追求，似乎变得渺小而不切实际了。五四爱国运动，也为中国知识界向俄国人学习加了码，“走俄国人的路”很快成了这一时期相当一部分激进知识分子的选择，其中不仅包括被誉为“新文化运动的旗手”“五四运动总司令”的陈独秀，也包括了正在困顿中积极寻求新出路的孙中山。

“联省自治”——国家整合路径的探索

民国自袁世凯以后，南北分裂之局已成，皖系的“武力统一”政策无法实现，直系的“和平混一”也无可能，于是干戈扰攘数年，民众不堪其苦，又看不到消弭战祸重享和平的前景，于是产生另辟途径，通过地方制宪的“和平”手段，由下至上建立邦联制国家的想法，这便成为“联省自治”之议提出的背景。

第一个提出“联省自治”的概念的是梁启超。1919 年梁启超在其

梁启超

熊希龄

五四运动

《东方杂志》《太平洋》和《改造》出版“宪法研究号”“联省自治专号”和“联邦研究”专号，讨论中国进行联省自治的可能性。

所写的《解放与改造发刊词》中写道：“一、同人确信旧式的代议政治，不宜于中国，故主张国民总须在法律上取得最后之自决权；二、同人确信国家之组织，全以地方为基础，故主张中央权限，当减到对外维持统一之必要点为止；三、同人确信地方自治，当由自动，故主张各省乃至各县各市，皆宜自动地制定根本法而自守之，国家须加以承认。”梁的提议得到熊希龄的赞成，他在给岑春煊的信中说：“今欲行中央集权之统一政治，此后日见其难，实不如改行地方分权之联邦政治，当可徐善其后。”熊、岑都参加了孙中山的南方军政府，但在是否坚持“武力讨伐”上与孙中山有分歧，并曾试图与直系妥协，用制衡皖系来达成“和平混一”，结果却因“上海和谈”的破裂而终结，于是二人转而谋求“地方分权之联邦政治”。

率先响应和倡行“省自治”的是湖南。1920 年 7 月 22 日，湖南督军谭延闿发表“还政于民”“湘人自治”的通电，表示要“顺应民情”，实行民治，“采民选省长制，以维湘局”。湖南首倡“自治”以后，先在南方一些省份得到响应，并很快延至北方，继之而起宣布

蔡元培

胡适

“自治”的省份有江苏、湖北、安徽、浙江、云南等，浙江、四川、广东等其他一些省份也在积极酝酿之中。至1920年冬，提出“自治”的10多个省开始派代表到北京请愿实施自治，并成立了两个联合组织，一个是江苏、安徽、江西、山东、河南、甘肃、广东、四川、福建、湖北、广西、山西12省和北京市代表组成的各省区自治联合会。一个是直隶、山东、河南、山西、四川、湖北、湖南、江苏、江西、安徽、浙江、福建、广东、广西14省代表组成的自治运动同志会。在北京以外，天津成立了直隶、山东、河南、山西、陕西、热河五省一区自治运动的联合办事处。上海成立了“旅沪各省区自治联合会”。联省自治运动成为五四运动后规模最大的、也是迄今为止中国历史上唯一的一次要求实行地方自治与联邦制度的社会政治运动。

“联省自治”之风刮起后，立即得到一些知识界翘楚的支持，蔡元培、章士钊等都亲自出面加以鼓吹，执舆论界牛耳的张东荪、潘力山等人，也都发表文章支持。1922年9月，胡适撰文《联省自治与军阀割据——答陈独秀》，明确提出了“建立在省自治上面的联邦的统一国家”之建议，北京大学丁燮林、王世杰等六教授立即联名发文

张东荪

章士钊

响应。知识界如此热烈的反应说明，鉴于民国以来“武人乱政”的现实，国家“统一”受到了破坏，“共和”更是有名无实，要走出“宪政”的困境，就须为中国“和平统一”找到一个整体的制度性的解决办法。“联省自治”虽然由地方军人唱主角，但倘能利用这一风潮，推动各地“自治运动”的开展，用由下而上的办法，通过“制宪”达成“省自治”，进而发展成“联省自治”，以“联邦模式”实现共和政治，当不失为结束国家的分裂状况，解决国家整合问题的良策。

不过，知识分子理想是一回事，中国的现实又是一回事。对“联省自治”的倡行，支持者有之，批评、反对者也不少。虽批评立足点不同，但南、北两政权都认为“联省自治”非“统一中国”之策。其中最普遍的一种看法是，中国目前“地方分裂、武人坐大”的情势，各省名为“自治”，实为割据，“省自治”不过是地方军阀“拥兵自重”的借口，倡导“联省自治”，不仅不能实现“和平统一”，反而会加重中国的分裂。因而他们认为“建设在武人割据的欲望上面之联省论，与其说是解决时局，不如说是增长乱源”。持此说者，将“自治”等同于“割据”，不免偏激，却不无道理，现实很快为之作了证明。

“自治运动”兴起后，虽有知识界舆论支持，也有不少省份很快制定了“省宪”，但却都多半停留在纸面上，地方当局很少出台措施去实行。如最早颁布“省宪”的湖南，该“自治草案”出台时曾通过湘省全体公民投票表决，并依照省宪自组了省政府，赵恒惕为国内第一个“民选省长”，堪称全国创举。不过，这些都没有给湘省带来真正的“自治”，原因在于主导“自治”的人多为实力军人，根本没有先行立宪进而给予人民民主的意思。湖南在宣布“自治”后不久，内部矛盾就开始激化，省内谭、赵两派势力各以“行宪”做文章，最后还是实力解决问题，谭延闿被赶出湖南。如此宪政，其示范意义，实属疑问，从而注定了湘省的自治必不能久。而来自南方军政府和北面吴佩孚两个不同方面的压力，也使湖南的“省自治”一开始就处在夹缝之中，“省宪”实际上成了地方军阀赵恒惕用来南抗北拒的“护身符”，一旦南北交战，其“自治”使命也就随之告终。湘省情形如此，其他省则更不堪，不仅“自治”毫无章法，“联省”更无从谈起。最后，果如批评者所言，“自治”成了“割据”的代名词，“联省”也不过是“联督”而已。时至20年代中期，曾经喧腾一时的“联省自治运动”偃旗息鼓，不仅“联省”再也唱不下去，“自治”的呼声也越来越弱。随着“联省自治”的告退，用兼并手段，通过“武力统一”达成整合成了唯一可选的路径。

中国往何处去？

20世纪的20年代，民国诞生以来的中国社会似乎到了一个转型的临界点。政坛上，原本强势的北洋军人统治团体趋于没落，他们虽能掌控政权，将宪政玩弄于股掌之上，但武人政治出现了难以为续的征兆；经济上，民族工业有一迅猛发展，资本因素日益活跃，新的社会力量已生成，但劳资矛盾也日益突出；思想文化上，经历了新文化

杜威来华——1919年胡适（后排左一）与杜威（前排右一）、杜威夫人（前排右二）、史量才（前排左一）、蒋梦麟（后排左二）、陶行知（后排左三）摄于上海。

运动洗礼的中国知识界眼界更为开阔，社会观念也更加多元化，随着外来思想大量传入，西潮已不再一枝独秀，来自北方俄国的革命正吸引着越来越多的中国众多知识分子的眼球。五四爱国风潮虽已过去，但其遗留的使命感并未结束，世界仍然弱肉强食，政坛依旧黑暗，内忧外患也在不断加剧，这使五四时期一大批充满救亡情怀的知识分子陷于深深的失望之中。中国出路在哪里？这一问题成为“五四”后社会各界关注的焦点。

于是，在“五四”尾声之时，一场有关“社会改造”的讨论在思想、文化界热烈展开了。事实上，在五四运动正在进行的高潮时期，就有人提出从根本上推翻军阀政府的问题。五四运动的灵魂人物陈独秀，在其亲手撰写和散发的《北京市民宣言》中，就出现了“以图根本改造”的提法，而到1919年底，这一呼声越来越高了。陈独秀、李大钊其时因受“十月革命”影响，思想已趋于激进，并已自觉担负起了传播马克思主义的使命，开始了在中国创建无产阶级革命政党的早期活动。而他们的老朋友，《新青年》和《每周评论》的主编胡适则因受老师杜威的影响，对社会持“点滴改良”的观念。于是，在《新青年》同仁中首先爆发了一场有关“问题与主义”的讨论，胡适写了文章，阐述自己的观点，刊登在1919年7月的《每周评论》上。对于胡适的观点，李大钊进行了驳斥，公开声明“我是喜欢谈谈布尔

《新青年》杂志封面

李大钊

罗素来华合影。前排左起：蒋百里、勃拉克女士、罗素；后排右起：孙伏园、王庚、赵元任、瞿世英。

什维主义的”，“问题与主义是分不开的，具体问题的解决离不开主义的指导”，主张“用社会革命的方法来实现社会经济制度的变革”。以《新青年》杂志为主要阵地的这场辩论，标志着新文化运动营垒的分化。论争的结果，部分成员坚决“左转”，成为“彻底改造论”者；部分成员则明显“向右”，形成了“胡适派”。而胡适为了阐述自己的观点，决定自办一份报纸，这就有了《努力周刊》的创刊。《新青年》编辑部也在其后搬到上海，成为新成立的共产党的党报。《新青年》

杂志的这一分化，在当时许多宣传新思潮的社团中都有发生，由于对社会改造路径上的不同选择，思想界也因此分成了不同的流派。而思想界的这一分流预示的正是中国社会发展的不同前景。

20 世纪 20 年代的中国，由于社会矛盾的激化和民族危机的加重，国内各阶层都把注意力集中在急需解决的社会问题上，政局的不稳、命运的叵测，更使人们急于找出指路的目标和应对的方案。尤其对年轻人，已很难满足于“多研究些问题”并从“点滴改良”做起。何况这些主张并没有带来多少成效，于是“求根本解决”的“彻底改造论”便自然成了富有吸引力的方向。革命不那么可怕了，它已从不得不行的被迫手段，转变为主动寻求美好未来的正面努力，这使其成了很多青年知识分子的向往和追求。这一转变，不仅加快了马克思列宁主义在中国的传播、直接促成了中国共产党的成立，更使一度被社会主流舆论边缘化，并在一些人眼中视同与“南方军阀”无异的孙中山及其南方革命，再次走向了政治中心。

对于国人，尤其是青年学生中越来越高昂的激进主义，思想界一些重量级人物，如梁启超、张东荪等，表现出他们的担心和忧虑。作

1920 年 10 月 13 日，设在上海的 7 个社团为罗素举行欢迎会（中坐者为勃拉克和罗素）。

为五四新思潮的主要引领者和传播人，他们对五四时期作为启蒙思潮传入的“社会主义”表示了高度赞赏，称之为“最新的世界文明”。不过，他们所赞赏的社会主义乃是“一种依据和谐、人道、互助为原则建立起来的社会制度”，而不是俄式的“阶级搏斗”和“恐怖革命”。于是，他们借应邀来华讲学的英国著名哲学家、思想家、社会活动家罗素之口，告诫国人“不必走俄国人的路，而应首先发展实业、兴办教育”。然而他们的声音那么微弱，不再有人认真去听。胡适之在退出《新青年》后，为对混乱的时局提出疗治的药方，办了《努力周报》，在该报的创刊号上，他号召青年从自身做起，“点滴改良”，做个“好人”，为此写了《努力歌》，词曰：“不怕阻力！不怕武力！只怕不努力！努力！努力！”可见其心情何其迫切。然而，随着“好人内阁”垮台，曹锟贿选发生，好人政治终成泡影，胡适才对军阀政府心灰意冷，决定停办《努力周报》，但仍在“总结”中写道：“我们并不悲观……我们深信，有意识的努力是决不会白白废掉的！”不过，这个时候，革命已成时髦，“努力”能否成功，恐怕胡适自己也不抱信心了。

“五四”激进思潮的产生是近代中国全面危机的反映，在进入20年代后，在内忧外患不断加重，而国内政治依然前景不明的情势下，中国社会转型面临了何去何从的巨大困惑。失去了耐心的中国人，不仅质疑吵吵嚷嚷、解决不了问题的“议会民主制”，而且开始呼唤强人，渴求一个强有力的人物来率领这个民族走向新的复兴，这成了当时普遍的心理。在这样的氛围下，社会改良的合法性遭漠视，效果更受质疑，这为孙中山及南方革命党人的复兴，以及孙所坚持的武力推翻北洋政权的理论，创造了广泛的社会认同基础，更为中国共产主义运动的发轫创造了条件，由此，中国被推向了全面变革之路。

1924 年 1 月，中国国民党第一次代表大会召开，首次确定国共合作政策。

中国国民党第一次全国代表大会特别出入证。

五卅反帝爱国运动——上海租界万国商团在街头虎视眈眈（1925 年）。

沙基惨案后的游行抗议队伍。

第二章 武人技穷：山雨欲来风满楼

一、北洋内乱的加剧与整合的失败

第二次直奉大战与北京政变

直、奉战后，北京政府的中央权柄完全被直系所控，吴佩孚利用手中实权，排除异己，而曹锟则用贿选手段当上总统，结果遭到国内舆论耻笑与谴责，直系的声望也一落千丈，而吴佩孚对京汉铁路工人的镇压，直接撕去了直系“保护劳工”的面具，于是在台上的曹、吴骤然成为众矢之的。南方的孙中山为推翻直系统治，与反直的浙江督军卢永祥，以及在东北的张作霖取得联系，暗中结成“反直三角同盟”，并派代表到上海开会，酝酿联合倒直。

而张作霖及其奉系自被赶回东三省后，一心想着再次入关报仇雪耻，乃于1922年7月在沈阳成立了东三省陆军整理处，奉系20余万军队均须按规定进行整编。为培训军事人才，张作霖除加强原陆军东北讲武堂外，还开办了海军学校和航空学校。为扩大军事实力，张作霖还在东北开办了兵工厂，自造武器，并通过向日本借款，从国外购置大批军火，甚至飞机，准备时机一到，

东北王张作霖

随时挥师入关，与吴佩孚决一雌雄。

张作霖终于等到了机会，1924年9月，“江浙战争”打响。江苏原是直系军阀齐燮元的地盘，上海却为皖系出身的浙江军阀卢永祥所控制。曹锟贿选后，浙督卢永祥通电反对，沪、杭一带成为反直势力活动的一个中心。1924年9月，苏督齐燮元联合江苏、安徽、福建、江西与直系有关的军队，向浙卢发起讨伐，这就是“江浙战争”，也称“齐卢之战”。江浙战争的爆发，为奉军入关提供了契机。战事打响后，在东北虎视眈眈的张作霖立即表示“誓同生死”，同日发出援卢通电，宣布向直系开战，奉军也随之分三路源源不断入关，第二次直奉大战爆发。

齐燮元

卢永祥

设在真如的江苏都督齐燮元的司令部。

江浙战争给江浙一带造成了严重的经济损失，图为化为废墟的南翔镇。

冯玉祥

孙岳

奉军出兵入关，曹锟立即调吴佩孚到京坐镇，同时分兵三路迎战：第一路由吴佩孚亲自率领，沿京奉路到山海关迎击奉军；第二路由王怀庆率领，出喜峰口迎击奉军；第三路由冯玉祥率领，经古北口到热河迎击奉军。三路出兵后，北京城防空虚。直系将领冯玉祥与吴佩孚有隙，暗中早存倒直之心，于是乘吴佩孚在长城山海关一线与奉军激战之时，率部从古北口、密云前线秘密回师北京，在北京警备副司令孙岳配合下，占领北京城，囚禁了曹锟，发动了北京政变。

北京政变后，在山海关前线与奉军鏖战的吴佩孚腹背受敌。最初他

1924 年 10 月，在“北京政变”期间，冯玉祥部在滦平召开军事会议时合影。

1924 年 10 月，第二次直奉战争时，冯玉祥率军从前线返回，发动北京政变。图为冯军从前线抵北京城。

企图抽兵回救北京，当其率部回师后，前线部队则因主帅骤离，军心动摇，奉系抓住机会发动猛攻，势如破竹，直系溃不成军。称雄一时的吴佩孚见无力回天，不得已率残部两千余人由大沽口沿海南下，退守长江流域。第二次直奉战争历时一月有余，终以吴佩孚主力溃败告终。

第二次直奉战争乃北洋军阀史上规模空前的一场内战，双方出动的兵力共计五十余万，历时一个多月，战火遍及地区，民众生命财产遭到了严重损害。冯玉祥的北京政变虽然结束了直系的统治，但随之而来的是一个更加无序的局面。民初，由于政局纷扰、社会动荡，握有武装的军人参政具有某种必然性。因有过支持共和之举，北洋军人在民众眼中的形象还颇为正面。后因袁世凯帝制自为，段祺瑞西原借款，曹锟贿选总统，北洋军人及其团体原有的合法性资源已近耗尽，而直皖战争爆发，紧接着两次直奉大战，掌握北京政权的北洋军人在民众心目中已成乱国殃民的“祸首”，最后在革命党人和知识界的批判下，被定格为“军阀”，这意味着控制北京政权的军人团体之合法性和权威性都已丧失殆尽，其退出历史舞台只是早晚的事了。

执政府的成立与段祺瑞整合北洋落空

1924年北京政变后，曹锟被冯玉祥赶下台，直系中央被颠覆，国会也遭遣散。不过，其时控制北京时局的冯玉祥威望和军事实力均有限，影响和地盘也仅限于京畿及其周边地区，自知难久撑局面，为助自己声威，也为牵制正在大举入关的奉张，冯玉祥去电孙中山，邀其北上主持大计。同时，他也去电直皖战败后"息影"于天津的段祺瑞，请其重新出山帮助安定局面。段祺瑞在北洋团体中有一定号召力，冯欲依仗其名，号令天下，也借此造成"反直派大团结"的表象。而其时的实力派军人张作霖虽拥有奉系军队，但自忖在政治上尚无立脚资本，推出没有多少军事实力的段氏，既有利于稳定局势，又便于幕后操纵，故对此也持赞同态度，一时间收拾局面"非段莫属"竟成气候。

11月15日，张作霖、冯玉祥、卢永祥、胡景翼、孙岳等联名发

1924年11月24日，段祺瑞抵北京任临时执政，北京临时执政府成立。

段祺瑞“执政府”大楼。

段祺瑞抵北京就任临时执政。

1924 年的天津会议合影，左起：梁鸿志、冯玉祥、张作霖、段祺瑞、卢永祥、杨宇霆、陈树元，后立者为吴光新。

出通电，推戴段祺瑞复出主持时局，在各方“拥戴”声中，本来就不甘寂寞的段祺瑞遂作愿意出山的表示，各政治军事势力的代表于是云集津沽，讨论时局，并谋善后。鉴于当时国会已名存实亡，国内新的权势中心尚未形成，经协商，各方决定以“中华民国临时执政”名目以作过渡，其中蕴含“以孙中山、段祺瑞、张作霖、冯玉祥为骨干，再加入若干社会名流，共同执政”之含意。而颇孚时望的段祺瑞也就此复出，当上了中华民国执政府的总执政。

执政府成立后，国内各政治派别与军事力量暂时止息干戈，有鉴于直系的倒台很大程度上因为曹锟贿选落下臭名，当上了总执政的段祺瑞深知“武人玩政”走到尽头，倘再不谋“更始”，其亡必速，此番出山，若不欲重蹈覆辙，须以改变军人操权形象为首务。在入京就职之前，他就首发“马电”，标示政见，称“共和肇造，十有三年，干戈相寻，迄无宁岁。驯至一国元首选以贿成，道德沦亡，法纪弛废，诛求无厌，户鲜盖藏，水旱交乘，野多饿殍，国脉之凋残极矣，人民之困苦深矣。法统已坏，无可因袭，惟穷思变，更始为宜。外观大势，内察人心，计惟彻底改革，方足以定一时之乱而开百年之业”。段祺瑞用这一电文表明了自己复出后，将从“更始”做起，谋“彻底改革”的决心。

然而，要改革，必须先坐稳位子。段祺瑞在北洋人物中，无论资望，还是能力，都还是最出色的一位，且有丰富的从政经验。直奉战后，北洋团体的分崩离析已人所共见，有鉴于此，段祺瑞上台后，不得不周旋于各派之间，用维持“均势”来保住自己的地位。从当时国内各实力派的势力分布来看，北方为奉系张作霖、国民军冯玉祥两大势力所分控，南方长江流域尚系直系地盘，广东则是孙中山的革命基地。段祺瑞知道，在自己的政治棋盘上，不能没有冯，否则无以制张。当然，也不能没有张，否则无法驭冯。如何能让这四大板块势力互为牵制，以便自己从中控驭呢？于是，段祺瑞在北方国冯和奉张两大军事集团之间，采取了以冯制张、以张控冯的手法。对已退往长江流域的吴佩孚，尽管张、冯均坚主讨伐，但段却并不穷追猛打，而施以刚柔并济的手法，以此收揽直系将领人心。对孙中山及其领导下的南方革命势力，段则采用了“政治攻心”为上的策略。在天津“巨头会议”上，段祺瑞就表示“一切大政方针须待孙中山进京后共同商议决定”，并多次派人与孙中山取得联络。在执政府各部总长的任命上，亦充分考虑了南方孙中山方面的代表，又以同样也属南方阵营的李烈钧为参谋总长，这是段政府对国民党作出的一种姿态。段这样做的目的，是想通过协调各方利益，用“笼络”和“怀柔”手段收揽人心，在对北洋作出重新整合的同时，设法用怀柔手段消弭革命，从而使南、北、新、旧势力能集于段氏麾下，实现所谓的“和平统一”。

不过，段祺瑞的上述意图只是他本人一厢情愿的如意算盘，由于缺乏资源和实力，不管段如何设法周旋于各派之间，在整合北洋上，段明显心有余而力不足，更不用说以此来软化南方革命了。首先，奉张军队入关后，因在京、津地区大肆扩张，与冯玉祥的国民军形成严重对峙。继而一路南下的奉军，也在地盘争夺上触犯了江浙军阀孙传芳的利益。孙乃以“拥段反奉”为号召，向奉军发起攻击，“浙奉战争”由此爆发。浙奉开战后，冯玉祥以为倒奉时机到来，派人与奉军第十军军长郭松龄订约，策动倒戈，于是北方又发生郭松龄反奉事件。结果奉张为对付国冯，决计与吴佩孚捐弃前嫌，再次结盟。而在这令人眼花缭乱的实力派军人互相争斗中，段氏虽在笼络和协调各方上处心积虑，但结果都是形单影孤无人理睬，不仅整合北洋的目的无法达成，上台时尚存在的“均势”也逐渐丧失。

倒戈时的奉军第十军军长郭松龄。

善后会议的收场和段氏“修制”的失败

段祺瑞无力整合北洋，只好在政治上谋出路。在“更始为宜”的思路下，他先以召开“善后会议”相号召，结果遭到孙中山南方革命势力的坚决抵制。北京政变后，孙中山最初在冯玉祥的再三邀请下答应北上，然这时的广州方面因国共合作的实现，大革命风潮已如火如荼。所以，孙中山的北上，其目的绝非是与军阀妥协，而是一路宣传革命，扩大革命影响。孙中山在为北上而发的《宣言》中，提出了召开国民会议解决军阀、帝国主义问题的鲜明主张。因而伴随孙中山北上的，是一场以抵制善后会议为宗旨的声势浩大的国民会议运动，这场运动不仅对善后会议的召集造成极大冲击，也使段祺瑞“和平统一”南方的希图完全落空。

尽管如此，在国民党宣布不参加的情况下，1925年2月1日善后会议还是在京开幕了。段祺瑞为会议所作开幕词中，以“和平”“建设”为号召，发表《建设宣言》，表示“继今以往，凡所以息内争而恢复统一，舍革命而进于宪政。一切皆将基于理性上之威权，诉诸国民之自觉，以决其成否”。为体现“海内贤达，共相一致”，会议召集了国内二十二行省，五特别区，蒙、藏、青各区军民最高首领和特聘之名流硕彦计148人，并组织了庞大的策划、协调和议案起草修改班子，仅由临时执政交会议讨论的大小议案有二十多项，会期前后历时竟三月有余，然而成果却乏善可陈。据《东方杂志》文章描述，“善后问题中应占重要位置的整理军事、财政两个大纲，全被消灭，所得称为成绩者仅仅以议决可有可无的国民代表及军事、财政两善后委员会的条例为止”。会议所得甚少，但靡费却是百数万以上，这让财政本来就已枯竭的执政府雪上加霜。

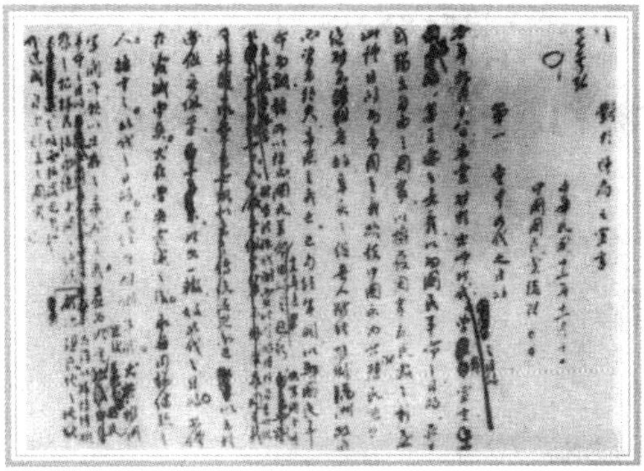

1924年11月10日，孙中山发表的《北上宣言》部分原稿。

善后会议尽管并不成功，段氏“修制”的努力却还要进行，否则其执政地位就无法继续。由于善后会议上“地方分权”的呼声甚高，执政府于会议闭幕不久，就制定出台了《临时参政院条例》和《各省区法定团体会长互选参政程序令》，同时还就临时参政院职能及“参政”的选举办法及其权限，都作了具体规定。不过，虽有这些举措的出台，段氏的执政地位却因其缺乏法理根据而招致越来越多的批评。为此，段祺瑞不得不在1925年底，以总执政名义再次宣布了政府的改组，在修订的《中华民国临时政府制》中，恢复责任内阁，增设

1924 年 12 月 4 日，孙中山乘“北岭丸”号抵达天津码头，受到天津两万余人的欢迎。

12 月 4 日，孙中山抵达天津。图为到达张园行馆后，同各界欢迎代表合影。

孙中山到达北京，市民热烈欢迎的盛况。

善后会议与会代表合影。

国务院，由许世英出任国务总理，规定国务会议以后将由国务总理主持，国务文书除国务总理签署外，还须有各部总长的副署。为显示推进“宪政”的诚意，段祺瑞还指示国宪起草委员会拟订了《国会组织法》《总统选举法》和《宪法》。国会决采参、众两院制；总统选举法则规定以县为基本选区，由省选举会选举总统；宪法亦在“国宪委员会”三读通过。

客观而言，由段之执政府主导的这次“修制”，迈出的步伐还是相当大的，不仅恢复了民元以来府、院分立的政制，国会的政治价值也重新被确认。或许是民国以来政坛上上演了太多的“制宪”闹剧，或许是因了段祺瑞本人的军人出身和北洋背景，不管段氏对“修制”作出如何努力，其执政的合法性都很难得到舆论认同，革命一方对其的抨击自不待言，北洋内部军人对段氏“改革”也始终抱以冷眼，这使段氏为“中兴”而推进的“修制”得不到来自任何一方的支持，陷于无望的境地。在严峻的社会现实下，国内一些对“改良政治”尚抱有期待的知识界人士，也开始对“共和宪政体制”在中国实行渐渐失却了信心和耐心，这使本来就基础薄弱的西方“议会民主”制度在中国完全失去了正常运转的土壤。

二、南方革命声势复振

孙中山走上“师俄”之路

在北方军阀政权日暮途穷时，孙中山的南方革命却出现了前所未有的转机。

1922 年陈炯明之变使孙中山遭受到有生以来最大打击，因革命接二连三地挫败，使孙中山十分痛心和苦恼。“护法”旗帜已无法再举，长期以来习惯的那套依靠地方实力派“反正”“光复”“独立”，也即依靠军阀打军阀的“督抚式”革命手段也告技穷。找不到方法，看不到前景，也失去了可以依靠的军事力量。孙中山曾企盼得到某些外部力量支持，但在陈炯明事件发生后，没有一家列强对孙中山的革命抱有同情和谅解，更谈不上支持，不支持他的革命建国理想，反而压制他，尤其是英国，竟成为陈炯明叛乱的直接后台，这使孙中山不再对西方列强抱有幻想。正当孙中山避退上海，陷于孤立无援时，苏俄向他伸出了援助之手。

孙中山对苏联革命产生兴趣是在俄国“二月革命”后，当时孙中山就曾致电俄京探询政情，但由于消息阻隔，能够了解的程度十分有限。俄国爆发“十月革命”后，孙中山对这个邻邦发生的动静给予了高度关注。等到苏俄两次发表《对华宣言》，主动表示愿意废除过去沙皇俄国与中国签订之不平等条约时，孙中山便把俄国革命视作了代表公平、正义世界社会革命的新发端。1918 年，列宁收到了来自孙中山对俄国革命成功表示祝贺的电报，孙中山在电文中表示，“中国革命党对贵国革命党所进行的艰苦斗争，表示十分敬佩，并愿中俄两党团结奋斗”。此后，孙中山便与来自苏俄的一些重要人物有了接触。他先是在 1919 年底在上海会见了俄国客人马特维耶夫，后来于 1920 年会见维经斯基，同年又与来华的共产国际代表马林作了晤谈。经过这一系列的接触，孙中山对俄式的“党治”革命理论产生了强烈共鸣，俄国“十月革命”的胜利，也正好为孙中山已有的“一党政治”设想提供了成功的范本，尤其是苏俄列宁党和军队的组织方式，更得到孙中山由衷的赞赏。1922 年后，因曹锟贿选发生，孙中山已决心不再打“护法”旗号，而准备彻底革命，但对是否与俄人联手尚心存疑虑。但不久后，广东发生了陈炯明之变，直接促成了孙中山与俄国人的联姻。

苏俄全权代表越飞。

1922年8月，苏俄为了保证在远东的国家利益，尽快实现苏中关系正常化，特派全权大使越飞率团来华与北京政府商谈。在华期间，越飞特派代表携函前往上海，与孙中山接洽，嗣后两人开始就彼此关心的时局问题多次书信往返，1923年1月，越飞在张继陪同下飞赴上海与孙中山见面，经直接晤谈，孙中山与越飞在共产国际援助中国革命、反对西方列强、改组国民党与建立军队等一系列问题广泛交流了意见后，于1923年1月26日在上海联合发表了著名的《孙越宣言》。

《孙越宣言》的发表，标志着孙中山联俄政策的正式确立。《宣言》明确写出了双方联合的基础和存在的分歧，作为孙中山一方，明确表示了对共产主义制度的拒绝，指出"共产组织，甚至苏维埃制度，事实均不能引用于中国"。对此，越飞表示了"完全同感"，并表示"中国最要最急之问题，乃在民国的统一之成功，与完全国家的独立之获得"，关于此项大事业，孙中山将得"俄国国民最挚热之同

1922年8月14日，孙中山抵上海，他在此寓所会见共产国际代表马林，表示愿与苏俄合作。

情，且可以俄国援助为依赖也”。越飞郑重向孙中山表示，在中东铁路、外蒙等一系列涉及国家主权和权益的问题上，“俄国政府决无意思与目的，实施帝国主义之政策”，“准备且愿意根据俄国抛弃帝政府时代中俄条约（连同中东铁路等合同在内）之基础，另行开始中俄交涉”。

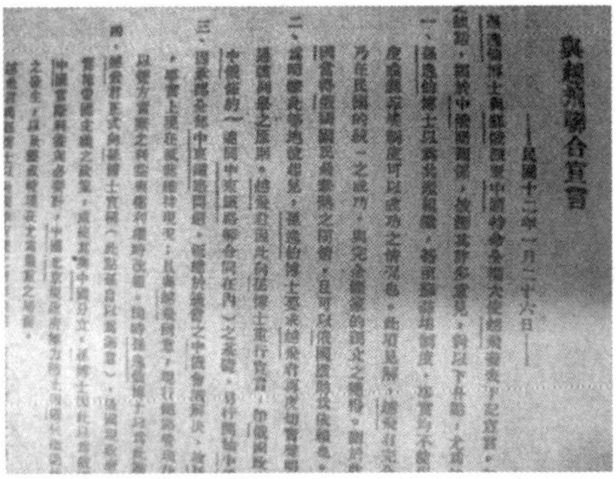
——民國十二年一月二十六日——

《孙越宣言》

《孙越宣言》的内容，应该说体现了列宁领导下的苏俄对中国革命的支持和对孙中山的友谊，对逆境中奋斗的孙中山来说，这无疑是个极大的鼓舞。

孙中山第三次广州开府和国民党的改组

1923 年 2 月，孙中山组织粤桂滇联军讨伐陈炯明获胜，重返广州，这是孙中山在广州的第三次开府，与前两次不同，其时的“护法”口号已换成了“打倒军阀”，共和革命也由“建立新国民国家”

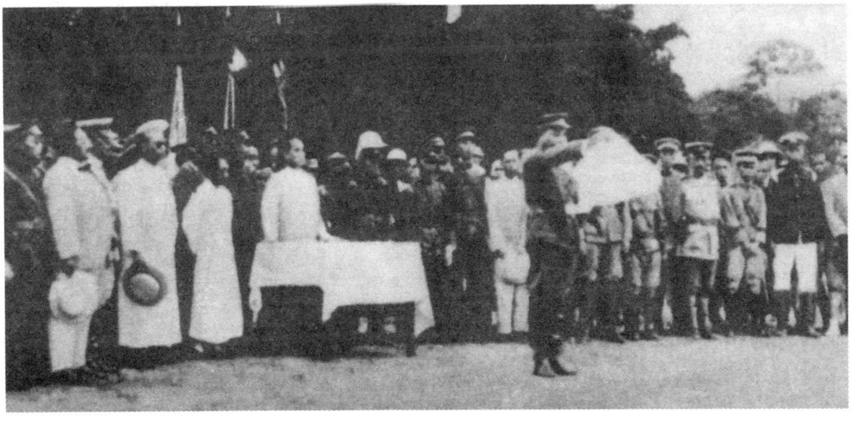

1923 年 3 月 1 日，孙中山在广州建大元帅府。图为孙中山在就职典礼上。

1922 年 9 月，孙中山在上海寓所召集在沪各省国民党负责人商讨改组国民党问题。图中二排左起：廖仲恺、汪精卫、胡汉民、孙中山、陈树仁、张继、杨庶堪。

所取代。因此，这次开府不再恢复非常大总统，也不再召集非常国会，而是建立陆海军大元帅大本营，孙本人就任大本营陆海军大元帅。对此革命方针的重大调整，孙中山在广州召开的大本营会议上作了明确宣示，称“现在护法可算终了，护法名义已不宜援用……今日应以革命精神创造国家，为中华民国开一新纪元”。

自成立中华革命党后，孙中山就以“再造民国”相号召，然而，要造的是怎样的民国？又该如何去再造？答案对那时的孙中山而言，实是相当模糊的，这也使他的革命长期徘徊于低谷之中。而今不同了，自确定“以俄为师”后，十月革命中苏俄建立的“党治国家”，在孙中山眼中成了可作效仿的榜样，即如其云：“法、美共和国皆旧式的，今日唯俄国为新式的；吾人今日当造成一最新式的共和国。”不过，要建立一个“党治”国家，首先要有一个坚强的党，一个像苏俄“布党”那样主义明确、组织严密、自上而下具有强大战斗力的党，只有这样的党，方能肩起“建国”和“治国”的使命，这既是苏俄的经验，也是孙中山自己的体会。而孙中山原来的国民党不仅组织涣散，且暮气沉沉，虽几经改造，均收效甚微。此番南下，孙中山决心依靠国民党的力量推进革命，但也清楚地意识到国民党的混乱现状不足以担此重任。有鉴于此，孙中山接受苏俄布党与共产国际的提议，决定“师俄”先从学习苏俄的“办党”经验入手，即在苏俄的指导和帮助下，下大力整理和改进党务，并用“容纳共产党的方式”，让成立不久的中共组织派员加入国民党组织，参与国民革命，以此给国民革命注入新的活力，给国民党来一番起衰振废的大改造。

共产国际代表马林。

中国的共产主义运动发轫于“五四”后期，是布尔什维克革命的直接结果。十月革命后，苏俄主动接近北京政府，宣布放弃在华特权，这在中国民众中也引起广泛的亲苏热情。而恰于此时，列宁领导的俄共也先后派人到中国，取得了中国激进知识分子同列宁领导的布尔什维克思想上的联系，继踵而来的是1920年各地共产主义小组的产生，以及一年后中国共产党的诞生。1921年中共一大召开，随之即加入共产国际，成为其属下的一个支部。共产党组织虽然成立时间不长，人数也不多，但自成立后，致力于马克思列宁主义的激进革命理论的宣传，深入下层民众，开展工农运动，在全国已产生一定影响。加之共产党的创始人陈独秀、李大钊等均为五四青年景仰的新文化运动领军人物，其所办刊物《新青年》《每周评论》《劳动周刊》等，无论在知识阶层还是在社会大众，尤其是热血青年中，都有着巨大的影响力和感召力。然而，刚成立不久的中共在共产国际眼中毕竟只是“小团体”，短时间内似不可能去实现苏俄要在中国达成的目标。1921年6月，共产国际代表荷兰人马林赴上海出席中共7月23日的成立

鲍罗廷

大会。在沪期间，马林与孙中山一方的革命党人有了接触，并于是年 12 月专赴广西晤见了孙中山。回到上海后，他曾向中共领导人建议，改变对国民党的排斥态度，并争取在国民党内部展开工作，但遭到共产党总书记陈独秀的拒绝，陈认为两党“革命之宗旨和所据基础不同”，彼此“太不相容”，无合作余地。但马林在回莫斯科后，仍然向共产国际执委会提出了“建议共产党到国民党中去进行政治活动”的报告，得到共产国际的赞同。1922 年 7 月，共产国际为制定在华工作纲领，指示马林再次来到中国。马林抵北京后不久即去了上海。此时，正值陈炯明之变后不久，马林赶赴上海不仅是为出席中共于 8 月 28 日至 30 日在杭州西湖召开的中央扩大会议，也是为了会晤孙中山。而不论是会见孙中山，还是出席西湖会议，讨论的都是促成“国共合作”的相关事宜。其时的共产党虽然对共产国际所提“党内合作”并不赞同，多数均主张“党外联盟”，但作为“国际”的一个支部，必须服从来自莫斯科的指令。孙中山在与马林商讨在国民党内容纳共产党，共同开展国民革命的可能性时，则坚持“只许中共及青年团分子加入国民党，服从国民党，而不承认党外合作”。经多次磋商，最后达成了一个折中方案，中共党员“以个人名义加入国民党”。此后，中共领袖陈独秀、李大钊等都在上海分别拜访了孙中山，经过推心置腹的交谈，孙中山深感共产党人值得信赖，他感叹道，“国民党在堕落中死亡，因此要救活它就需要新鲜的血液”。

“联俄容共”政策确定后，为了使国民党能适应国民革命运动发展的需要，必须尽快对其进行改组。1923年10月，应孙中山的邀请，苏联政府代表鲍罗廷到达广州。此后，国民党的改组进入实质性阶段。在共产国际和中国共产党的建议和帮助下，在鲍罗廷的具体指导下，孙中山排除重重障碍，积极推进国民党的改组工作。他多次发表演说，总结以往革命一再失败的教训，反复强调学习俄国革命经验、改组国民党的必要性。为了全面筹划和具体指导改组工作，孙中山聘请鲍罗廷担任国民党组织教练员。他说：这样做是为了“使之训练吾党同志。鲍君办党极有经验，望各同志牺牲自己的成见，诚意去学他的方法”。他还任命廖仲恺、李大钊、汪精卫、张继、戴季陶五人为国民党改组委员。

10月25日，国民党改组特别会议在广州举行，是会正式发布了《国民党改组宣言》，指定胡汉民、林森、廖仲恺、邓泽如、杨庶堪、陈树人、孙科、吴铁城、谭平山9人为国民党临时中央执行委员，与会者一致同意依计划改组，并聘请鲍罗廷为政治顾问，孙中山对国民党的改组进入实施阶段，这次会议是国民党开始全面改组的真正起点。

国民党“一大”的召开和国共合作的实现

李大钊

经国共两党的共同努力，1924年1月中国国民党第一次全国代表大会在广州顺利召开。这次会议代表总额196人，到会165人。代表中一半由各省党部选举产生，一半由孙中山指定。中共党人李大钊、陈独秀、毛泽东、林伯渠、谭平山、王烬美、李维汉等人都以

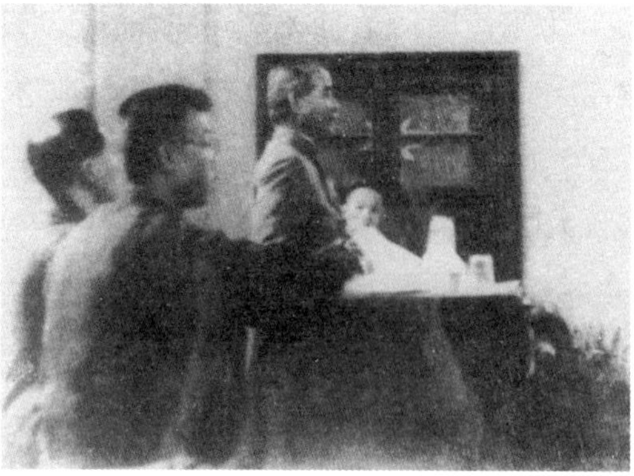

1924年1月20日，中国国民党第一次全国代表大会在广东高等师范学校礼堂开幕。图为孙中山主持开幕典礼。

个人身份出席了大会。

孙中山以总理身份担任主席并致开幕词，他说："此次国民党改组，有两件事：第一件，改组国民党；第二件，就是用政党的力量去改造国家。"孙中山总结了历次革命的经验教训，强调了国民党改组的意义，指出："我们知道要改造国家，非有很大力量的政党是做不成功的，非有很正确共同的目标不能够改造成功的。"强调这次对国民党的改组，就是要像俄国革命那样，通过党的改造，使党成为革命中坚。为此，大会讨论通过了《中国国民党章程》《组织国民党政府之必要案》等决议案。1924年1月23日，大会通过纲领性文件《中国国民党第一次全国代表大会宣言》。宣言在总结以往革命的经验，分析了中国历史和现状基础上，指出国民革命"以实现三民主义为中国唯一生路"。宣言接受了中国共产党的某些革命口号，如"反对帝国主义""打倒列强"等，批判了与革命思潮格格不入的"立宪主义""联省自治""和平会议""商人政府"等，以联俄、容共和扶助农工的精神，重释了三民主义。国民党"一大"的召开，不仅标志了国民党改组的成功，也标志了孙中山革命方略和"党治思想"的正式形成。

国民党"一大"的召开标志着国共合作的正式实现。但在会上，就是否允许共产党员"跨党"问题，有过激烈争论。自孙中山决定"容共"政策起，国民党内就有相当一部分人抱着怀疑以至反对的态

孙中山与李大钊步出国民党“一大”会场。

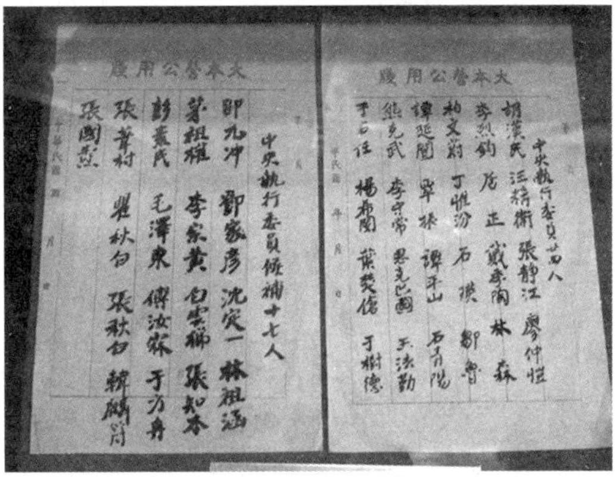

大本營公用箋

中央執行委員廿四人
胡漢民 汪精衛 張靜江 廖仲愷
李烈鈞 居正 戴季陶 林森
柏文蔚 丁惟汾 石瑛 鄒魯
譚延闓 覃振 譚平山 石青陽
熊克武 李守常 恩克巴圖 王法勤
于右任 楊希閔 葉楚傖 于樹德

大本營公用箋

中央執行委員候補十七人
邵元冲 鄧家彥 沈定一 林祖涵
茅祖權 李宗黃 白雲梯 張知本
彭素民 毛澤東 傅汝霖 于方舟
張葦村 瞿秋白 張秋白 韓麟符
張國燾

孙中山手书国民党“一大”中央执委、候补委员名单。

度。会议的倒数第三天讨论章程审查报告时，果然发生一场风波。广州代表方瑞麟发言，认为“本党党员不得加入他党”应有明文规定，意即不能党中有党，直接反对孙中山的“容共”政策。对此，中共代表李大钊立刻登坛发言，据理作了答辩，由于孙中山其时在“联俄容共”问题上的坚决态度，方瑞麟的提案在会上被否决。

大会最后一天，通过中央执行委员、中央候补执行委员、中央监察委员、中央候补监察委员名单。这个名单是由孙中山亲手写下的。共产党员李大钊、谭平山、毛泽东、林祖涵（伯渠）、瞿秋白等十人当选为中国国民党第一届中央执行委员会委员或候补委员，约占总数的四分之一。

国民党“一大”召开后，中国近代最大的两股激进势力——国民党和共产党，在“统一中国”的共同目标下走到了一起。尽管他们革命的宗旨并不一致，组织成分也大不相同，但都视“武力造国”“以党造国”为实现“统一”的根本手段，且都以苏俄的“党治国家”为效仿对象，于是在这一共同的目标下，一场以结束北洋统治为目标的国民革命风暴席地而起了。

三、军阀乱局的加重和“宪政”的落幕

反帝风潮下执政府的垮台

国民党“一大”后，国共合作实现，革命事业开始了一日千里的发展。在国共两党共同努力下，各地罢工斗争和反帝运动都有一个大的推进。上海向为国共两党活动的中心地区，1925 年 5 月 15 日，上海日本纱厂资本家，以屠杀手段对付工人罢工，枪杀共产党员顾正红，激起民众愤怒。30 日，上海工人、学生 2000 余人在公共租界散发传单、发表讲演，举行反帝示威，遭租界当局阻挠，拘捕学生百余人。是日下午，数千群众集中在南京路老闸捕房前，要求释放被捕学生，英巡捕悍然开枪，击杀十余人，伤数十人，“五卅惨案”发生。

“五卅惨案”中被枪杀的顾正红。

“五卅惨案”再次在全国激起反帝怒潮。段政府为扭转

“五卅惨案”发生前民众聚集在南京路。

“五卅惨案”发生时在老闸捕房担任警戒的英国警察。

“五卅惨案”发生后的上海街头。

上海英租界英国巡捕武装镇压示威者，此为“五卅惨案”现场。

“五卅运动”时期，汉口游行群众捣毁日租界市面情景。

“五卅惨案”，北京各界游行示威，向英国抗议。

“五卅运动”中上海工人涌上街头。

“五卅运动”中游行的上海市民。

1925年6月23日，广州各界声援上海“五卅”反帝爱国运动，游行队伍遭沙面殖民者枪击，死伤两百余人，酿成“沙基惨案”。图为举行游行示威的群众。

1925 年 6 月 23 日，广东各界群众十万余人在东校场举行市民大会，声援上海。

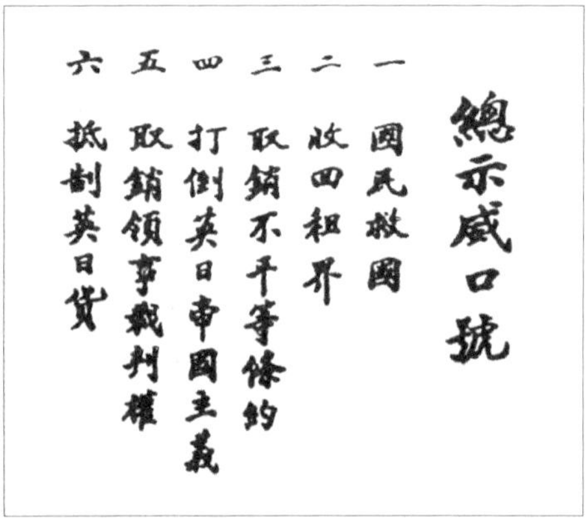
總示威口號

一 國民救國
二 收回租界
三 取銷不平等條約
四 打倒英日帝國主義
五 取銷領事裁判權
六 抵制英日貨

“五卅运动”总示威口号。

被动，迅即对此事件作出反应，事发当日，即派员南下，调查事实。同时对租界当局以武力摧残手段对付无辜学生的行径，提出严正抗议，并遴派大员驰赴上海，慰问被害人民。不过，这些做法并没有改变民众对政府的观感，每当反帝风潮掀起，政府首当其冲地被认为有“卖国”之嫌，并与“帝国主义”一起并列为要被打倒的对象。这时的中国正越来越快地向着“革命”飞奔，“打倒列强除军阀”的口号已响彻云天。

“五卅惨案”风波未息，又发生了“沙基惨案”。6月23日，为抗议“英帝国主义”的罪行，声援上海工人罢工，香港、广州工人举行大规模游行集会，行到沙面租界对岸的沙基时，遭英军士兵开枪扫

“沙基惨案”发生现场。

1925 年“沙基惨案”后参加市民大会的各界民众。

香港海员罢工。

参加游行的岭南学校学生。

1925 年沙基惨案后，参加游行的黄埔军校学员。

沙基惨案烈士葬礼。

沙基惨案死难烈士纪念碑。

广州省港罢工委员会委员们。

射，当场死亡59人，重伤者百余，轻伤者无数，这就是著名的“沙基惨案”。惨案发生后，列强的肆虐，更加重了中国民众对列强的愤激，在国、共两党和中华全国总工会发动和组织下，一场规模空前的香港工人总大罢工开始了。这场罢工坚持了14个月，使已成为英国殖民地的香港航运停顿、贸易锐减、商业萧条、陷于全面瘫痪。南方革命浪潮很快也影响到北方，各地工人罢工、学生罢课、抗议演讲、游行示威的消息也日日见诸报端。1925年至1926年的中国，国内各处都充满了革命的火药味，这让本来已很难维持的段祺瑞政府日子更加难过。

1926年3月，国、奉战争爆发，天津至秦皇岛之铁路被阻断，奉军用军舰攻打冯玉祥国民军防守的大沽口，日舰出动协助，国民军还击，引起各国军舰的干涉，20余艘军舰开到大沽口，驻天津的外国军舰也一起出动，并由荷兰公使代表12国，以“违反辛丑条约之规定”

1925年11月29日，北京市民在天安门前召开国民革命示威运动大会，目标直指段祺瑞执政府。

段祺瑞政府卫队与群众发生冲突。

为名，向中国政府提出严厉抗议，并发出要求国民军退出大沽口的《最后通牒》。外强的傲慢与对国民军的敌意，激起了国人强烈的反感和愤恨，青年学生的爱国激情再次被调动起来。3 月 18 日，北京学生和市民在中共北方区委和国民党地方执行部的主导和策动下，为抗议帝国主义行径，聚集在天安门开会。会后，情绪激昂的群众高呼“打倒丧权辱国的政府”“打倒帝国主义”“驱逐八国公使出境”的口号，再次前往执政府请愿示威。结果在执政府门前与守护卫兵对峙并发生激烈冲撞，局面失控后政府卫队开枪镇压，打死 47 人，伤百余人，这就是震惊海内的“三一八”惨案。

惨案发生后，举国同愤。原来对段氏上台之“修制”尚抱一丝期待的上层知识界人士，对行此残忍手段的政府当局彻底心灰意冷。北京各高校校长、教授和教育、文化、知识界诸多名人纷纷站出来，严厉谴责段祺瑞政府。《语丝》《国民新报》《世界日报》《清华周刊》《晨报》《现代评论》等一些原系“中性”立场的报刊媒体也加入了声讨屠杀暴行的行列。惧于民愤难平，惨案后，执政府已无法维持，内阁诸要以“各方责难”为辞，决定“引咎总辞职”。而其时的段祺瑞，虽有沉痛和自责的表示，但其政府的合法性，已因惨案的发生而丧失殆尽。4月19日，段祺瑞通电全国，宣告下野，执政府在中国历史上遂成过去名词。而随着执政府的结束，中国社会的政治转型也终于结束了它在“有共和而无宪政”状态上的多年反复和徘徊，走向了终点。

段祺瑞是在“非段莫属”的呼声中上台的，结果不到一年半就收场，其上台后，在“更始为宜”思路下，为整合北洋和修复体制做出过一番努力。不过，由于其时北洋统治已病入膏肓，革命风潮已经掀起，段氏为谋“中兴”而推出的所有举措无一不以失败而告终，说明了民国北京政府脆弱的体制，已完全丧失自我更新能力，预示了中国政治问题的根本解决将转向体制之外的路径。“一个专制政府恰好是在它最愿意改革的时候，引发了革命”，这是法国作家米涅在其《法国革命史》中所说的一句话，比照一下执政府的命运，倒也恰如其分。

直、奉再次联手讨伐“南北二赤”

“三一八”后，北方形势急转直下。冯玉祥的国民军在“大沽口事件”后，放弃天津，退守北京。而其时尚未下台的段祺瑞为保住其执政地位，暗中联络奉系，被冯玉祥部下、驻扎北京的国民军将领鹿钟麟发觉。1926年4月9日，鹿率部包围执政府，因消息走漏，段祺瑞避入东交民巷。鹿钟麟赶走段祺瑞后，又请出曹锟，打算以此讨好吴佩孚，联吴反奉，结果为吴所拒。鹿部遂无法再留北京，只好向西北退却，至此，冯部在

带兵进皇宫的北京警备司令鹿钟麟。

北京永定门内警察所前国民军撤退、奉军入城时的情景。

津京均不再有驻兵。冯玉祥的西北军被彻底赶出京、津。

冯玉祥自发动北京政变后，与入关的奉系军阀张作霖的矛盾就开始不断激化，因实力不如张作霖，在执政府时期即受排斥，军队被撤销了国民军的名义，冯本人也被派到张家口去担任西北边防督办，实际被挤出了京津地区。这一挫折，让冯玉祥开始主动靠拢南方革命方面，并与苏俄建立了联系。而这时南方国民革命也已掀起巨浪，迫切需要尽快打开北方的局面。于是，两厢接触日益密切。为推进北方革命，当时的共产党北方区执行委员会，在李大钊、赵世炎、陈乔年领导下，把王若飞、宣侠父等富有经验的著名党的活动家派到冯军中去开展工作。1925 年 4 月，苏联顾问也到达张家口。其时的冯玉祥，虽然对苏俄顾问和共产党人帮助他训练军队还抱有相当戒心，但为取得苏俄的帮助，他任命了共产党员刘伯坚担任了军队的政治部长，从而使原本为军阀军队重要一支的冯部成为国民革命在北方的一支重要力量。

1926年6月28日，张作霖和吴佩孚在北京顺承郡王府会晤，商定联合。图为会晤时诸将领合影。前排左五为张作霖，左四为吴佩孚。

冯部的“赤化”本不能相容于北方军人，冯玉祥的倒戈，更让曾为不共戴天的奉张和直吴，为对付他和南方的革命势力，而重新联手。1926年6月，张作霖和吴佩孚相继到京，握手言欢，并议决合力讨伐“南北二赤”。在这一情势下，在北方势孤力单的冯玉祥军队退守西北。为保全实力，冯玉祥宣布下野，但奉、直对冯部的讨伐并不因冯的“引退”而停止实行。在奉、直的联合攻势下，冯部虽仍有少部军队据守南口一线，但大部已被打散，冯本人也在引退后去了苏联。

直、奉两家虽然取得了讨伐国冯的暂时胜利，但其时的北洋军人，无论哪一派都已很难在政坛立脚，更无力量撑起全国的局面。长期兵连祸结，国无宁日，北洋军人在民众眼里无疑为“战争魁首”，报章刊文分析道，“过去多年间，虽乱而未甚，虽恶而可忍。故各行各业之人，虽有不满，尚能苟安。至内乱加剧，商不能商，工不能工，农不能农；甚至官亦不能官，教亦不能教，于是全国各业之人虽欲偷生苟安。忘大义取小利而不可能”，处于绝望中的民众，期盼“和平”与“统一”，但绝不相信能靠武人去达成，于是“以暴易暴”也成为一种选项，“革命暴力”开始得到推崇。《东方杂志》载文道，

奉军的炮兵在前线对冯玉祥部作战。

“现在中国的政局已糟得不成人样，还有人想设法调停各方面的领袖，建立妥协的议会政治，使政局走上轨道，这简直是梦想！现在的中国非经过武力的革命，不能收拾”，文章疾呼“现在该不是爱平和的时候了，政局已弄得走投无路，便要忍耐也无可忍耐了。暴力虽不能驱除暴力，但正规的力是可以驱除暴力的。我们所需要的就是国民的正规的力，我愿国民揭去‘爱平和’的高帽子，共雪觍颜苟活的大耻辱”……北洋的失道，修正了社会民众对国民党的观感，在人心望治的普遍心态下，南方国民革命的“武力统一”，已不再是“地方对抗中央”，反成为“有道伐无道”，攻守之势既易，“全社会之态度一变矣”。

奉系执政时的“无政府状态”

段祺瑞的执政府倒台后，国家实已陷无政府状态。无论合法与否，新政府一时难以成立。1926 年 4 月，冯玉祥国民军与奉系张作霖作战失利，退出北京。由北京商会、银行公会等出面组织京师临时治安会，聘王士珍、赵尔巽、熊希龄等社会贤达主持一切。该会于同年 5 月 11 日开最后会议，决定解散，后奉系张作霖入京，控制中枢。实际控制北方政局的张作霖遣散了议会，发给路费让议员回家。不过，议会尽管解散，由张本人出任国家元首，似也名不正言不顺，加上国内还有其他实力军人的存在，张作霖暂时采取了雄踞东北及直鲁，以实

用来暂维秩序的京师临时治安会。

力控制政权，待时机成熟，再正大位的手法，结果使得北京政府有一年零两个月竟陷于既无国家元首，也无国会的状态。

不过，没有国家元首，政府政务还得照常进行。按照中华民国法统，国家元首缺位时，内阁总理将出面摄行大总统职权，于是由谁来出面组阁，关系到中央权力实际由谁执掌和控制的问题，张作霖和吴佩孚为此都费了一番心思。由于吴不希望“总理有太浓的奉系色彩”，张也不愿有“一个完全是吴的人作总理”，致使内阁一时难产，经幕后讨价还价，才得到一个折中的结果，由“在两个军事集团之间多少有点中立”的海军总长杜锡珪出面当了代理总理。不过，杜的内阁维持时间很短，仅 3 个月就因财政困境而收场。

内阁的难产，折射了其时北京政府在合法性上已深陷危机而无以自拔。在几无资源可寻、只有民族主义尚能鼓舞人心的情形下，在外交上享有盛名的顾维钧又被推了出来。1926年10月5日，杜锡珪的代理总理由顾维钧接替，并由顾维钧出面新组了一个摄政内阁。不过顾维钧虽然身为阁揆，但并不左右政局，其阁员统由幕后实力军人所定，对此，顾维钧感慨说“政府实际上是由军方支配的”，“我之所以继续参与政治，只不过是为了中国的国际声誉而维持一个政府而已”。

顾维钧

1926至1928年间，北京中央权威出现真空，武人凭借武力，固能逞胜一时，但似很难再借助“宪法”取得合法地位，这是摄政内阁维持局面长达一年零两个月的原因。从这里也能看出，这时的北洋军人虽然还能控制局面，但实际已是强弩之末。不仅统一全国已不再是北洋目标，即使统一北洋团体自身，也几乎是可望而不可即了。各方所争，与其说要争取“一人一阀”独大，毋宁为防止任何“一人一阀”独大。不仅北京政府已失去统驭能力，北洋体系也已处于群龙无首的状态，名存而实亡了。

国民党要员参加开学典礼。前排左五起：邹鲁、胡汉民、孙中山、蒋介石、欧阳格、许崇智、王柏龄。

1925 年 8 月，国民政府军事委员会决定将所辖集中主要地方军名目取消，统一组建为“国民革命军”。图为苏联军事顾问在国民政府军事委员会成立大会上发表演讲。

一、国民革命与“以党造国”

广州国民政府的成立

国民党第一次全国代表大会的召开，是国民党历史上的一大转折点。大会把建立“党治”国家作为国民革命的明确目标，也即为孙中山所说的，“先由党造出一个国来”，然后“把党放在国上”，由党来行使对国家的“治权”。不过，会上虽有“党治”理论的确定，但究竟如何去做，还需要通过实践来解决。“一大”会上，孙中山曾向大会提交了一个《组织国民政府之必要案》，谓必须成立国民政府，以确立政治地位，争取国际承认。一中全会第五次会议进一步通过了《国民政府组织问题案》。在借鉴俄共党政一体化体制的基础上，孙中山亲草《政治委员会条例》，在党的最高权力机构中央执行委员会下设“政治委员会”作为政治领导核心，并自任委员长，以监督重大政务之施行。此项创制便是其后国民党“党治”体制中“锁钥”机构——“中政会”的前身。

1925 年 3 月孙中山北上逝世，国民党重建领导体

1925年7月1日，国民政府正式成立，汪精卫被选为国民政府主席，兼任中央军事委员会主席，集党、政、军大权于一身。

制，成立正式政府，已迫在眉睫。为将孙中山遗愿付诸实施，国民党中央政治委员会于1925年6月14日召开第14次会议，商讨组建政府事宜。次日国民党中央委员会举行全体会议，就成立国民政府等事议决四点：一、中国国民党中央执行委员会为最高机关；二、改组大元帅府为国民政府；三、建国军及党军改称为国民革命军；四、整顿军政、财政。6月21日，国民党中央执行委员就政府领导体制和委员人选问题作了商讨，决定国民政府实行委员制，并推定委员名单。7月1日，广州国民政府正式成立。次日，国民政府召开首次会议。会上依据政府组织法，选出委员16人，其中推定汪精卫、胡汉民、谭延闿、许崇智、林森为常务委员，汪精卫任主席，并宣布由国民政府委员会议执行国务。国民政府下设财政、军事、外交等部，聘鲍罗廷为高等顾问。国民政府成立后不久，国民政府军事委员会、大理院、

1925 年 7 月初广州工农军各界民众庆祝国民政府成立。

广州国民政府部分委员合影。左起：伍朝枢、汪精卫、李文范、孙科、陈友仁、邹鲁。

惩吏院、监察院也相继建立。

新组的广州国民政府继承孙中山遗志，实行“党治”体制，其颁布的《中华民国国民政府组织法》第一条便是开宗明义：“国民政府受国民党之指导和监督，掌理全国政务。”这是国民党具有指导和监督政治的无上地位的明白宣示。此点在一年后经修订重新颁布的《国民政府组织法》增补中更作了强调，称“未经中央执行委员会决议之重要政务，国民政府委员无权执行”，也就是说，凡关系国民革命全局及其他重大的方针、政策问题，统由党决定后，方交政府执行。而中执会之下的政治委员会则被确定为“关于政治问题之最高决定机关”，通过这一实际为“党政最高联席会议”的制度建构，国民党不仅使其“指导监督国民政府”的理念落到了实处，而且由此自上而下建立起了一套“以党领政”、党政互动的双轨运行机制，从而为嗣后实施“以党治国”奠定了体制的雏形。

工农运动的高涨

工农运动的蓬勃兴起，是国共合作实现后最明显的成效。

从兴中会、同盟会开始，一直到1924年改组以前，国民党始终是一个以少数知识精英为主体的集合体，有限的一点群众基础，不是会党，就是海外华侨，与中国国内绝大多数民众几乎不发生关系。孙中山本人也把主要精力花在与南北各派军阀的周旋上，对被他认为“不知不觉”者很少予以关注。正因为此，孙中山及其领导下的国民党，在社会民众中几无影响可言，其革命也很少博得国人同情。五四运动后，孙中山看到了民众的力量，不过如何与民众建立起联系，这个问题在国民党改组实现前，并没有得到解决。而“联俄”政策的贯彻和国民党改组的成功，使孙中山不仅找到了革命的方向，也找到了革命的途径，这就是他在国民党改组时在广州对国民党员所说的，

花县农民赤卫队

彭湃

“此次吾党改组，唯一之目的，在乎不单独倚靠兵力，要倚靠吾党本身力量……即人民之心力是。吾党从今以后，要以人民之心力为吾党之力量，要用人民之心力以奋斗”。在国民党“一大”宣言中，更是明确宣布，“国民革命之运动，必恃全国农夫、工人之参加，然后可以决胜”。

然而，如何才能让民众奋起呢？按照苏俄的经验，一是靠宣传，二是靠组织。在这方面，其时新加入国民党的共产党人已积累了一定的经验，并开始发挥巨大的作用。中共组织自成立以来，就把发动和组织工农运动作为斗争的主要手段与目标，并视此为革命制胜的主要途径。早在国共合作之前，共产党员彭湃就在海丰、陆丰一带开展农民运动，被称为“广东农民

彭湃组织的广东海丰县赤山约农会会址。

中的王”。而开展工运更是共产党的拿手好戏，在其成立的第二年，为具体指导中国工人运动的开展，就有全国劳动组合书记部的成立，该机构成功地策动了1922年的香港海员工人罢工，以及开滦五矿、安源路矿工人罢工等活动。1923年京汉铁路工人“二·七大罢工”虽然失败，但也展示了工农运动的巨大声势与斗争激情。国共合作实现后，无论是“五卅惨案”后的各界抗议活动，还是“沙基惨案”而引起的省港大罢工，中共党员都是中坚和领导核心。

在中共带动下，这一时期确立了“扶助农工”政策的国民党，对开展民众运动也给予了前所未有的重视，中央党部先后设立了工人部、农民部、青年部、妇女部和商人部等，作为领导各界民众运动的机构。不过，群众运动的实际工作，仍多依靠参加该党的中共党员来进行。如工人部部长是廖仲恺，实际上由秘书共产党员冯菊坡、邓中夏等负责。农民部部长林祖涵、秘书彭湃都是共产党员。为培养农运骨干，国共还联合召开了全省农民代表大会，成立了农民协会，颁布了《农民协会章程》，并创办了农民运动讲习所，前后六届，共培养农运骨干近800名。第一期主任是彭湃，第六期主任是当时出任国民党中央宣传部长的毛泽东。广州革命政府还采取了不少保护和支持工农的政策，工农运动的蓬勃，成为大革命风潮下，广州的一道重要风景线。

那么，国共领导的大革命何以能得到底层工、农热烈的响应呢？在革命动员的运作上，被孙中山视为“少年学生”的共产党倒是比国民党的“老同志”要“成熟”得多。这份“成熟”首先是对民族主义的利用，表现在对动员口号的制定上，中共“二大”决议案中就已提出的“将反对帝国主义与打倒军阀作为革命党人的目标纲领”。最初，“反对帝国主义”并不能为国民党中的很多人所接受，因为共产党反帝是把帝国主义作为一种制度来反对，而国民党中相当一部分人并不反对英、美，即便接受“反帝”口号，也仅仅是反对帝国主义压迫弱小民族而已。不过，共产党的这一口号最终还是被国民党接受了。中国近代以来蒙受外强欺凌，使中国民众中普遍产生了消除这一耻辱的冲动，当孙中山把其领导下的南方党人的革命运动定位为“国民革命”时，为寻求最大的动员效果，“帝国主义”的利用频率也迅速增加了。直至国民党改组的实现，“一大”宣言中明确地写入了“反对帝国主义”的内容。于是，由苏俄和共产党提出的“打倒帝国主义”口号，不仅已为国民党所接受，而且与“统一中国”的目标结合在了一起，使“打倒列强除军阀”成为大革命时期风暴中心最激动人心，也是最为风靡的口号。

除了高扬民族主义外，共产党还自有一套用来启发民众觉悟、达到政治目的“唤醒”武器，那就是“阶级斗争”理论，即用“阶级压迫”论去唤醒底层民众革命的自觉性、合理性和正义感。在农讲所里、在夜校中，听讲的人被告知军阀和帝国主义是造成他们被剥削、被压迫的原因，也是他们最大的敌人，要改变命运，必须起来做斗争！尽管共产党的这一“阶级斗争”理论，在国民党中并不受欢迎，但中共的宣传打的是孙中山重释的“新三民主义”旗帜，国民党即便有不满，也不得不暂时容忍。在民众动员中，中共的意识形态宣传不仅越来越凸显出它的话语强势，而且逐步成为舆论主导，甚至在无形

12 月 1 日，海丰县群众庆祝苏维埃政府成立大会的盛况。

中潜移默化了国民党。马列主义的“革命”词汇，不少国民党人也争相引用，说起来也一样也朗朗上口。

鲍罗廷的对华谋略

在国民革命的风暴中心地广州，俄国人鲍罗廷是一个仅次于孙中山的灵魂人物。自帮助孙中山实现对国民党的改组后，鲍罗廷即被孙中山委以“中国国民党临时中央执行委员会顾问”“政治委员会顾问”等重要职务，以此帮助孙中山指导党务及政治。对于鲍罗廷在国民党改组过程中所做出的工作和贡献，孙中山给予了高度的评价，称赞“他是一个无与伦比的人”，由于孙中山与鲍罗廷的密切关系，鲍罗廷在广州被尊为“亚父”。

孙中山去世后，按照其临终指示，鲍罗廷返回广州，在平定刘杨叛乱与巩固广东革命根据地的过程中，鲍罗廷起了重要的作用，也赢得了更高的威望。及至广州国民政府成立，鲍罗廷被聘为“国民政府

1925 年 11 月苏联顾问鲍罗廷在广州纪念十月革命八周年大会上。

高等顾问”，实际上成为广州党政军所有领域的真正掌权人。不过，鲍罗廷极其富有革命经验，他在与国民党人相处时，善于利用孙中山的话语表达自己的意见，表面上所有决议都是由委员们集体决定的，但通常都是鲍罗廷最后说了算。显然，在广州的政治舞台上，鲍罗廷正扮演着孙中山曾扮演过的角色。无论是汪精卫，还是蒋介石，都以鲍罗廷马首是瞻，他们说“追随鲍罗廷就是追随孙中山”，可见鲍罗廷的权力和威望在这一时期的广州可谓如日中天。

然而，苏俄派鲍罗廷来华是交付重大使命的。不仅鲍罗廷如此，其他屡次来华的重要人物，包括加拉罕、马林、越飞等也都是为了执行莫斯科和共产国际的任务。他们无论是帮助中共建党，还是出资促成国民党改组，其实都有一个基本目标，那就是保障苏俄在远东的国家利益，并伺机输出俄国革命。1923 年以前，苏俄对华政策多管齐下，为贯彻其世界革命“东方战线”的构想，开始积极在中国寻找伙伴和盟友。为达此目的，苏俄一方面鼓动中国的共产主义运动，促成共产党的成立，同时也多次探访孙中山，甚至还与北京政府实力派人

前排左二至左四：鲍罗廷、张太雷和汪精卫。

物吴佩孚联系。不过，这个时候的孙中山只是苏俄对华政策中的一个战略伙伴。直到 1923 年 1 月，苏俄中央政治局赞同越飞“全力支持国民党”的战略，苏俄与国民党的关系才进入一个新阶段。当然，苏俄支持孙中山，并不是单纯支持孙中山的事业，它也希望借国民党的躯壳，发展共产党的力量，同时在国民党内造就一支“亲俄”势力，最终使国民党成为共产国际推进世界革命的工具。而这样的任务，单靠苏俄本身的影响是很难做到的，所以马林有言，“能否改组国民党，使之发展成一个革命的政党，在很大程度上取决于中国同志的合作”。正是怀抱了此种企图，共产国际代表马林于 1923 年在广州时，就一再催促孙中山改组国民党，并最终通过鲍罗廷的来华，实现了让共产党员加入国民党、从内部分化改造国民党的第一步。

国民党改组成功后，鲍罗廷曾明确指示，苏俄在中国的一项“基本任务”，是“把国民党的一切地方组织掌握在我们手中”。并把在

苏联政府积极支持黄埔军校建设，派遣切列潘诺夫等多名军事专家到黄埔担任顾问，图为孙中山欢宴苏联顾问团。

国民党内建立“左翼”势力视为俄国在中国的一项使命，通过共产党去做“左翼”的工作，再通过“左翼”去“改变国民党”。在这一方针下，共产党在加入国民党后，一方面通过自己的宣传，掌握舆论导向，“矫正”国民党的政治观念；一方面则依据国民党人士对苏俄、对帝国主义、对工农群众的不同态度，将之区分为左、中、右三个不同的政治派别，相应施以加强、中立和打击的不同手段，分化对待。中共对国际的这一指示，贯彻得颇为得力，但就当时来讲，在广州鲍罗廷“权威日隆”，且“崇俄”风气四处弥漫的情形下，的确造成了国民党内的急剧“左转”，人人争相表现“急进”，“左比右好、宁左勿右”逐渐成为这个时期的一种强势的社会认知，不仅国民党青年党员“群趋左倾，人人争当左派”，连一些国民党的“老同志”也怀疑起自己的信仰来。于是“联共”开始悄然代替了“容共”，“三大政策”的叫法，在不经意间响彻了大小集会，俨然可以取代那空洞抽象的“三民主义”了。

不管苏俄的在华谋略是什么，广州国民革命运动的蓬勃兴起，与苏俄的帮助是分不开的，而鲍罗廷及其顾问团的工作更是居功至伟。在大革命时期，除鲍罗廷外，先后有上百名苏联顾问人员来到广州，其中包括了1924年8月来到广州任广东革命政府首席军事顾问的加伦将军，东江战役的军事顾问团团长巴甫洛夫，以及其他苏联顾问，如斯捷潘诺夫、切列潘诺夫、别夏斯特洛夫、什涅伊杰尔等。文职人员主要帮助广东革命政权的组建，军事人员则负责指导和训练革命武装，他们为信仰而工作，充满革命热情，富有献身精神，在国共两党中都享有崇高的威信，这是不争的事实。

南方政府首席军事顾问、黄埔军校军事总顾问加伦，他帮助在黄埔军校建立政治工作制度，后在国民革命军中推行。

二、黄埔建军与蒋介石的崛起

黄埔军校的开办

孙中山从事革命数十年，吃够了依靠军阀打军阀的苦头，建立一支由革命政党控制的武装，一直是孙中山的理想。广州军政府时期，孙中山曾尝试组建一支“党军”，交由陈炯明来统领，全体官兵宣誓入党，但此种方式并没能保证这支军队的不“反叛”，此事也被孙认为是“一生中最惨痛的一次失败”。此后，孙中山与苏俄建立了联系，他最感兴趣的就是学习和仿效苏俄的红军建设经验。孙中山在桂林的北伐大本营会见马林时，马林就曾以国民党和苏联合作为前提，向孙中山提出了一系列建议，其中一项就是创办军官学校。1923 年 8 月，孙中山派蒋介石率“孙逸仙博士代表团”赴苏访问，其最希望得到的“俄助”就是集中在军事方面。孙希望“第一，革命军事委员会能够派遣更多的专家到中国南方，以便按照红军的榜样来训练中国军队；第二，有机会了解红军的情况；第三，共同讨论代表团提出的中国军事行动计划”。代表团在俄长达三个月，返回中国前，苏方将《共产国际执委会主席团关于中国民族解放运动和国民党问题的决议》交由代表团团长蒋介石带回，其中就有“关于在苏联和中国为国民党军队培训指挥干部”的原则性内容。

黄埔军校党代表廖仲恺。

国民党“一大”后，孙中山以大元帅名义下令筹办“中国国民党陆军军官学校”，任命蒋介石为军校筹备委员会委员长，廖仲恺为党代表，负责军校筹办一应工作的进行。1924 年 1 月底，应邀到军校工作的第一个苏联军事顾问小组抵达广州。2 月 6 日筹备处在广州市内设立，分设教授、教练、管理、军需、军医 5 部，校址定于距广州约 40 里的黄埔岛上，这便是后来闻名海内的黄埔军校。5 月 5 日，黄埔军校在苏联的帮助和国共两党努力下，完成了各项筹备工作，来自全国各地经考试录取的第一期 300 多名学生入校，不久又录取备取生 100 多名，共计 499 名，成为著名的“黄埔一期”。

创办初期的黄埔军校大门。

黄埔军校开办纪念章。

6月16日，中国国民党陆军军官学校正式成立，并举行了隆重的开学典礼。黄埔军校是仿效苏联军校建立的。原则是实行“以党领军”。军校直隶于国民党中央执行委员会，设总理、校长和党代表，组成军校本部最高领导。总理由孙中山兼任，校长为蒋介石，廖仲恺任党代表。军校下设政治、教授、教练、军需等部，政治部主任、代主任、副主任先后由国民党党员戴季陶、汪精卫、邵元冲，共产党党员周恩来、卜士奇、熊雄、包惠僧、邵力子、张申府、鲁易等担任。教授部由国民党党员王柏龄任主任，叶剑英任副主任；教练部由国民党党员李济深、邓演达分任正、副主任，邓演达兼任学生总队长。此后，军校又增设教育长，先后担任此职的有国民党党员胡谦、何应钦、邓演达、方鼎英等。

在军校开学典礼上，孙中山宣布了黄埔军校的办学宗旨，他说：

时任黄埔军校校长的蒋介石。

"我们今天要开这个学校，是有什么希望呢？就是要从今天起，把革命的事业重新来创造，要用这个学校的学生做根本，成立革命军。诸位学生就是将来革命军的骨干。有了这种好骨干，成了革命军，我们的革命事业便可以成功。如果没有革命军，中国的革命永远还是要失败，所以，今天在这地开这个军官学校，独一无二的希望，就是创造革命军，来挽救中国的危亡。"孙中山还为黄埔军校拟定了训词："三民主义，吾党所宗，以建民国，以进大同，咨尔多士，为民前锋，夙夜匪懈，主义是从。矢勤矢勇，必信必忠，一心一德，贯彻始终。"

黄埔军校的成立，开创了政党统率武力的新模式，军校以"创造黄埔军，挽救中国的危亡"为办学宗旨。为此，黄埔办校效仿了苏俄红军的一系列做法，而其中最主要的有三点：第一，规定有严格的党代表制度，"在军校及军队中，所有一切命令均由党代表副署，由校长或由应管长官执行。军中党的决议亦须遵照此程序”；第二，在军队中设立政治部，“专任军队中党务及政治工作”，为日常政治教育确立制度保障；第三，贯彻军事政治并重，学校教育与社会实践结合的教育方针，军校除军事教育、训练外，还必须对学员进行“主义”灌输，让“所有官佐、学生、士兵必须一致了解政治的训育之重要”；此三点归结到一点，就是必须保障党对军队的领导，贯彻“以党领军”、“主义治军”，此正为“黄埔党军”与以往所有旧式武装的显著区别。

廖仲恺

黄埔军校最大的特色是它的学生。军校初创时，以“不怕牺牲、矢志革命”为号召，考生主要为来自四面八方的热血青年，其中不少是通过共产党及国民党地方组织推选招收的。与旧式军队成军不同，这批投奔革命而来的热血青年，“明白本党主义，且诚实、可靠，能做事”，来到军校后，更是豪气冲天。军校门口有一著名对联：“升官发财请走他路，贪生畏死莫入斯门”，横批“革命者来”，堪称其时军校学生精神面貌的生动写照。

“怒潮澎湃，党旗飞舞，这里是革命的黄埔”，黄埔军校的这首著名的校歌，当时不知点燃起多少革命青年的热血，也让国民革命像怒潮般地兴起。黄埔军校开办三个多月后，孙中山率军到韶关准备北伐，军校即派学生组成其卫队随侍北上。10月中旬，军校学生参与了

黄埔军校政治部主任周恩来。

1924年6月，黄埔军校开学典礼，孙中山（左三）、宋庆龄（左四）、蒋介石（左二）、廖仲恺（左一）在主席台上。孙中山以“革命军的基础在高深的学问”为题发表演说。

黄埔军校政治部教官合影（前排右起第三人为聂荣臻）。

平定广州商团叛乱的战斗。同年11月，首期学生毕业，孙中山指令“新到之武器，当用以练一支决死之革命军。其兵员当向广东之农团、工团并各省之坚心革命同志招集，用黄埔学生为骨干”。于是，以黄埔军校学生为骨干，以青年工人、农民为基础的新型武装——第一、第二教导团在广东诞生了。这是一支在苏联和中共帮助下，按照苏联红军的模式建立起来的革命军队。教导团的编制采用正规军三三制，每团三营，每营三连，每连三排。教导团同样贯彻党代表制度，教导团自连以上都有党代表的设立，黄埔军校第一期毕业生任各级指挥官和党代表。这一黄埔“校军”，很快成为国民党“党军”的基础。

对各路武装的整饬与改造

孙中山要实现推翻北洋政权的目标，需要强大的武力，光靠黄埔一支军队是不可能的。在国民党改组实现前，因陈炯明之变，孙中山手中已无任何武装，于是不得不倚重各类实力人物，他第三次回粤重

孙中山视察黄埔军校，图为他在检阅台上与同志合影。

组大元帅府，驱逐陈炯明，就是靠了粤桂滇联军的共同“讨逆”。不过，赶走“陈逆”后，这些军队也都在广州及周边地区驻扎了下来，广州市内的驻军就有许崇智的粤军、谭延闿的湘军、杨希闵的滇军、刘震寰的桂军、程潜的攻鄂军、樊钟秀的豫军、朱培德的建国第一军等，这些军队虽然也为革命武装中的一部，但私属性极强，军队的将佐听命的通常不是“主义”，而是自己的长官。来到广东后，虽有最高军事机关，形同虚设，不仅各自为政，还每以筹饷为借口，对地方行政乱加干涉，行政经费、教育经费等也被他们吞蚀，加上主、客军之间的矛盾，纠葛时有发生，如不加以“统一”，广东根据地不能巩固，北伐更无从谈起。

对这些依附了革命，但又私军色彩极浓的各路旧军，孙中山在世时就曾想对之进行统编，并一度用“建国军”名称将各地方军统辖。不过，名称虽换，积弊依旧，没有解决任何问题。广州国民政府成立后，在建立黄埔党军的同时，也决定开始对这些军队进行大的改造。

1925 年广州军事委员会成立。

国民政府军事委员会成立伊始，便通过了《整饬军队决议案》。该案宣布：要将整理军队作为“整理一切之先著”，并提出相应整理办法四条：“一、军令统一，严禁军队各自为政之习；二、民政统一，严禁军队干涉用人之习；三、财政统一及军需独立，严禁军队分割及霸占财政之习；四、所有军队需经政治训练，使成为有主义、有纪律的革命军队。”《决议案》发表后，广州国民政府随即发表接受国民党整饬军队决议案宣言，表示“于最短时间，力求军民财政之统一，对于抗令者，予以严厉之制裁；对于阳奉阴违者予以严厉之惩罚”。1925年8月1日，粤军许崇智响应国民政府宣言，公开通电声明：将军队交于国民政府军事委员会控制。随后谭延闿、朱培德、程潜等各领军人也联合发表通电，宣布辞去湘军、滇军、攻鄂军总司令职，以示拥护国民政府统一军队的指令，这使对各军的整饬得以进行。

对各路旧军的改造，遵循的也是“以党领军”的方法，如在这些

1925 年军事委员会就职典礼于广东举行。

任粤军总司令时期的许崇智。

军队中确立党代表制、设立政治部，以及建立政治工作制度等。因共产党人的工作热忱和政治宣传的巨大能量，在给各军配备党代表时，一些著名的共产党员被派去各军作了党代表，如周恩来、李富春、林祖涵、李明如、朱克靖等。不过，尽管有一些制度的建立，但由于没有打散原有系统，仅向这些人身依附性极强的队伍派去几个“党代表”和政工人员是没有用的，欲将严密的党组织植入军队的各级系统中，更是不可能的事。从统兵者来说，这些军队将领虽然也追随孙中山多年，但动机不一，其中固不乏同情革命、有志革命事业的，但更多只是为了给自身找出路，或干脆为不得已而暂时投附的权宜之计。他们在加入广东革命政权后，受其时高涨的革命风潮影响，也会对革命表现出热诚，甚至纷纷以“左派军人”自居，但绝不会因此放松对自己军队的把控。故而对军队整饬中实行的“党代表制”、设政治部等，多半阳奉阴违。何况，这时实行的党代表制和政治工作制度还很不完善，不但不足以改变他们视军队为其私人所有的观念，也不能对他们实行有效的监督，军队的领导权仍完全控制在军事指挥官手里，党代表形同虚设，政治工作人员更没有监督指挥官行使其权力的可能。尽管效果有限，但自整饬后，这些军队面貌还是起了变化，至少为北伐奠定了武力的基础。

蒋介石在广州军政界地位的上升

黄埔建校后，由于国、共两党的努力和苏俄的全力支持，军校武装发展很快。以黄埔学生为基干的第一支“党军”武装诞生后，仅一

辛亥革命时率领百人敢死队攻打杭州抚署衙门的蒋介石。

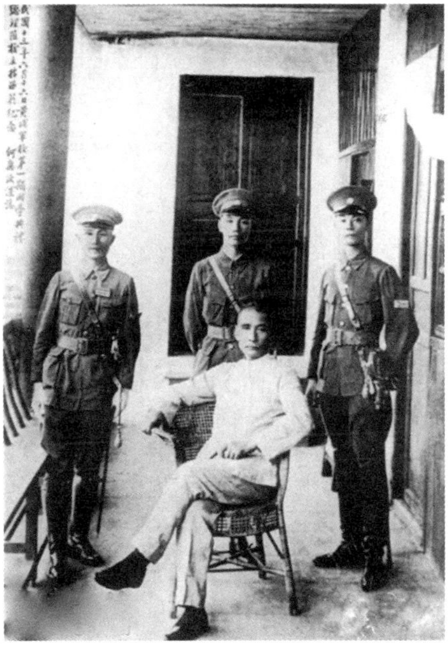

坐者为孙中山，立于孙后者为蒋介石，左为何应钦，右为王柏龄。

东征时的蒋介石。

年不到的时间，就从初建时的两个教导团发展为一个军两个师的编制，人数也从最初时的一千多人，扩充到近万人，也就是说，在不到一年中，人员整整扩大了十倍，这股武装在数量上很快跃居广东各军之首。不唯如此，黄埔党军的实力更体现在其军队高昂的斗志和一往无前的战斗力上，黄埔教导团成立后不久，就在讨伐陈炯明、平定滇桂军阀的数次战斗中，发挥了主力军作用，打出了“党军”的威风。而身为这支党军总指挥官的军校校长蒋介石，也成为其时广东政坛由军界迅速升起的一颗明星。

蒋介石，名中正，字介石，浙江奉化人，1907 年入保定全国陆军速成学堂学习军事，次年留学日本振武学堂。在日期间，结识陈其美，受其思想影响，加入同盟会。辛亥革命爆发后，蒋介石回上海，在沪军都督陈其美手下任沪军第五团团长。二次革命时，他再次追随陈其美，拥护孙中山，加入中华革命党，从事反对袁世凯的革命活动。陈其美死后，蒋介石曾两度接受中华革命党指派，远赴东北、闽粤等地，帮助孙中山训练革命武装，但他大多时间都滞居在沪，以为革命筹款为名，与张静江、陈果夫、戴季陶等合伙，在证券交易所做股票生意。1922 年陈炯明叛变，孙中山上永丰舰讨逆，蒋介石赶去广州登舰侍护四十余日，深得孙的信任与器重。孙中山决定“联俄”

黄埔军校第二期学生毕业典礼于 1925 年 9 月举行，图为校长蒋介石（前排右三）与第二期优等毕业生的合影。

后，蒋被派率领“孙逸仙博士代表团”赴苏考察学习军政和党务。成为孙中山在军事上最为得力的助手。

1924 年 1 月国民党“一大”决定建立陆军军官学校，孙中山任命蒋介石为军校校长。初时蒋介石因对“联俄容共”意存消极，曾一度借故离粤。后在孙中山去信后返回广东，就任军校校长。此后，蒋介石的名字就与黄埔连在了一起，作为黄埔学生的表率，蒋介石军事上良好的素养，政治上对孙中山的忠心，以及战场上的身先士卒，都让军校将官和学生倾心。蒋介石也利用了学生们对“校长”的景仰，要求学生像服从孙中山那样服从他自己。他利用自己在黄埔的地位和职权，从办校开始，便在军校主要岗位上安插亲信，培植个人的势力。由于办校初时，需要苏俄和共产党人的支持，蒋介石一度也用向“左”靠来取得鲍罗廷对他的信任，但他却不愿以“左派”自命，而始终标榜自己为“总理信徒”“纯粹的国民党员”。对国民党内的“右翼力量”，蒋介石则是分别对待，予以打击的同时留有余地。孙中山去世后不久，发生廖仲恺被害事件，蒋介石奉命率黄埔军解除“右翼”涉嫌军人许崇智部武装。蒋介石一方面派人通风报信，另一方面派兵保卫许的司令部，迫许交出兵权、离粤去沪，他则乘机收编了许部粤军。这使他在广州军界，无论就地位还是就实力，都稳稳上升到了“第一位”。

蒋介石这一貌似“不偏不倚”的中派立场，也让“左”、“右”两派都不得不对他极尽拉拢，他本人则因此左右逢源，在党内地位迅速上升。国民党“一大”时，蒋介石甚至还不是正式代表，至“二大”召开，蒋不仅被推至中央执行委员、常务委员的高位，同时还因为掌握了以黄埔军校武装为基础建立起来的革命武力和国民革命军总监的地位，俨然成了这一时期与国民政府主席汪精卫并立的国民党内文武两大重要领袖。

三、大潮中的暗流与革命的推进

孙中山逝世后革命阵营的分裂

自孙中山采取“联俄容共”政策以来，国民党内就不断有反对之声。然而，由于孙中山的坚持，加上他本人在国民党中的至高威望，“联俄容共”政策得到了坚持。但国民党内仍有相当一部分人对苏俄抱有极大戒心，尤其是一些“元老”级人物，对国民党改组后出现的急剧“左转”忧虑重重。苏俄对国民党的分化、改造政策，共产党凌厉的舆论攻势和日益磅礴的工农运动，都让这些被“新青年”斥为“右翼分子”的国民党中“老同志”更加难以容忍。在共产党的影响和党内“左派”势力急剧增长的情况下，他们自然不会坐以待毙，

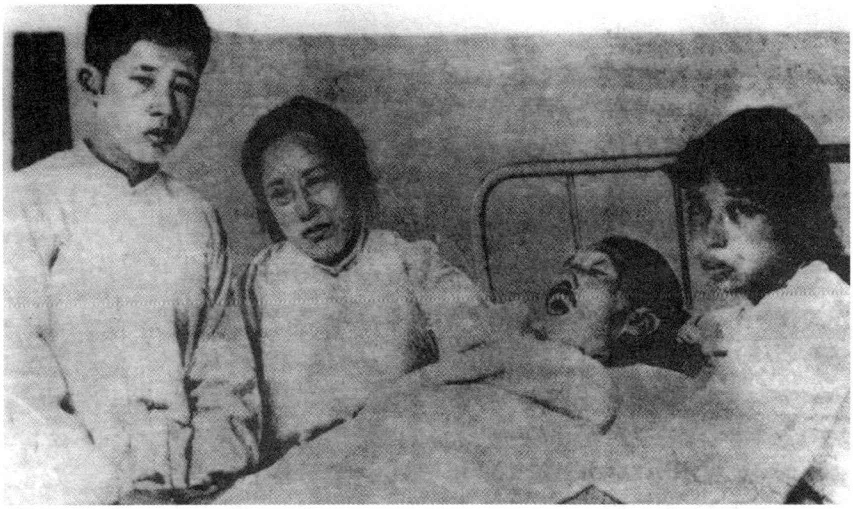

廖夫人何香凝（左二）及其子女廖承志（左一）、廖梦醒（右一）在廖仲恺遗体旁。

“清党”发起人之一——林森。

而以种种手段来应付局面。孙中山的去世，使他们变得无所顾忌，于是有了“刺廖案”的发生。

“廖案”的发生，使国民党内部的争论完全失去了友爱色彩，开始出现手足相残的征兆。为追查凶手，国民党中央、国民政府、军事委员会召开联席紧急会议，一些被视为“右翼”的重要人物受到怀疑，他们纷纷离粤，逃赴沪、港等地。邹鲁、林森这样有着中央执监委员身份的人在广州也不能立足，而被派去“北方巡视”。由此他们借机一路串联，开始秘密筹划自行召开一届中央执行委员会第四次全体会议，以解决“党事”问题。

经多方筹划和奔走联络，11 月 16 日，国民党中央执行委员林森、

西山会议派主角之一——邹鲁。

西山会议派主角之一——谢持与夫人。

邵元冲。

西山会议派人物之一——张继。

邹鲁、谢持等人首先在北京开会，联名写信给国民党中央及国民党上海执行部，要求“清党”。国民党中央执行委员会闻讯急电阻止，而对方未予置理。23日，会议如期举行。出席会议的有中央执行委员叶楚伧、居正、沈定一、邵元冲、石瑛、邹鲁、林森、覃振、石青阳，候补中央执行委员茅祖权、傅汝霖，中央监察委员张继、谢持等共13人。林森、邹鲁分别担任会议主席。会议历时10天，开正式会议22次，会上通过的主要议案有四项：一、取消共产党人谭平山、李大钊、毛泽东等的中央执行委员会委员和候补中央执行委员职务，并开除他们的党籍；二、解雇苏联顾问鲍罗廷，变更“联俄”政策；三、开除汪精卫党籍，取消中央政治委员会；四、移中央执行委员会于上海。会议最后提醒党内众人：如果不在国民党内实行“清党”，恐怕“再过一年，青天白日之旗，必化为红色矣”。由于这次会议召开地址在北京市郊的西山碧云寺，被称作“西山会议”，与会人也被称为“西山会议派”。

西山会议派主角之一——邓泽如。

西山会议是以中央执行委员、监察委员名义召集的，虽然中央执、监委员出席者不少，阵容可观，但不足法定人数，故以“非法”称之，并无不当。该会议在不合“党法”的情形下召集，并在会后不久即于上海另设中央党部，且以国民党中央执行委员会名义开始办

西山会议

公，甚至自己任命了常务委员、各部部长，从政治分歧发展到组织分裂，演变成国民党沪、粤两个中央委员会的尖锐对立，可谓“开启了国民党政党史上特有之创例”。

国民党“二大”与“左派”得势

“西山会议派”的分裂活动在广东方面激起了愤怒的声讨。11月27日国民党中央执行委员、候补委员纷纷致电各级党部，要求从严惩办西山会议派。12月4日，国民党中执会发表宣言，斥责西山会议人士攻击“本党政府，曰共产、曰联俄，此帝国主义、军阀用以离间一种策略，望同志勿为异说所惑”。各地党部纷纷表示拥护国民党中执会在广州召开一届四中全会，斥责西山会议非法分裂活动，重申孙中山于第一次代表大会确定的“联俄、联共、扶助农工”为根本方针，并议决翌年元旦召集第二次全国代表大会。

出席国民党二大的代表们。

1926年元旦至19日，国民党“二大”在广州举行。出席大会代表256人。大会听取了汪精卫的政治报告，蒋介石的军事报告，谭平山的党务报告，刘尔崧的工人运动报告，陈公博的农民运动、青年运动报告，甘乃光的商民运动报告，邓颖超的妇女运动报告，毛泽东的宣传工作报告，并通过了《大会宣言》，宣言强调，中国之生路在于“对外当打倒帝国主义”，“对内当打倒一切帝国主义之工具，首为军阀，次则官僚买办阶级土豪”。重申了“一大”所定的政纲，继续执行孙中山“联俄、联共、扶助农工”的决策。

会议谴责国民党右派的反革命活动，会上通过《弹劾西山会议议决案》和《处分违犯本党纪律党员决议案》，决定永远开除邹鲁、谢持的党籍；对叶楚伧、邵元冲等12人用书面提出警告，责其改正；对戴季陶“促其猛醒，不可再误”；同时对列名的“国民党同志俱乐部分子”予以除名。对国民党“右派”分裂活动的惩处，严明了革命纪律。

大会选出中央执行委员36人，候补中央执行委员24人，在上述委员人选中具有中共党员身份的有14人。大会还选出了中监委员12人，候补中监委员4人，并议决续聘鲍罗廷为顾问。此后，国民党二届一中全会选出9人为中央委员会常务委员，其中共产党员3人。设

1926 年 1 月国民党“二大”部分代表。

“一处八部”的中央党部，定秘书处秘书、书记和各部部长、秘书 21 人，其中共产党员 17 人，共产党员还取得组织、宣传、农民三个部长席位。

会议还通过了由共产党人提出的联络世界各被压迫民族、开展工农运动等决议案。中国共产党广东区委员会为此次大会发表宣言，指出大会的责任“是要规定发展工农运动的计划，确定对于工农运动的正当态度，及决定对于破坏工农运动的党员给予严厉的处罚”，希望大会“能使国民党在左派领导之下发展为一个群众的政党，能使广东的革命基础扩大到全国”。

国民党“二大”可说是国民党“左派”与“跨党分子”共产党员的盛会。对反击“右派”后出现的这一形势，莫斯科自然是十分满意。1926 年 2 月维经斯基在写给共产国际执行委员会的一份报告中，喜不自胜地写道“共产党实际领导着国民党，小小的共产党处于国民党的机构之中，在组织和发展国民党”，“共产党的影响太大了，很难划清两党之间的界限，几乎所有领导权都掌握在共产党人手里”。维经斯基的这一说法可能有夸大的成分，但“二大”前后，国共两党组织力量的对比呈逆转之势，这在很多历史文献和当事人回忆录中都有记述。对于这一近乎反客为主的逆转，国民党内反映复杂，国民党员有要求加入共产党的，也有充满恐惧的。对此，连其时被认为是国民党“左派”的甘乃光（青年部长）也在他发表于《现代青年》的一篇文章中写道，由于共产党在国民党内有党团组织的运用，而国民党内的纯粹党员因松弛散漫而无法与之抗衡，其结果“则我们常常说国民党容纳共产党分子，恐怕在事实上是共产党容纳国民党分子了”。

广东革命根据地的巩固与两广统一

国民党要统一中国，北伐势在必行。然而，北伐的军事出动，必须有稳固的后方基地。广东革命政权成立伊始，内部情形复杂，外部诸敌环伺，形势相当险恶。为稳住脚跟，其时的大本营采取了一系列措施。商团叛乱首先被扑灭，但盘踞广东东江、潮、汕一带，以“救粤总司令”自命的陈炯明及其所部倘不予以消灭，广东革命政权就不可能得到稳定。为此，1925年2月，由黄埔“校军”担任主力，广东革命政权发起了讨伐陈炯明的第一次东征。此役由校长蒋介石亲自率领，黄埔军队士气高昂，陈炯明不敌战败，退缩江西、闽南。但正当东征军部署乘胜追击之时，驻扎广州城中却心怀异图的滇桂军阀杨希闵、刘震寰所部，乘革命军东征未归之机

陈炯明

刘震寰

杨希闵

发动武装叛乱，企图颠覆广东政权，东征军奉命回师镇压，广州转危为安。

东征军回师平叛后，据守闽、赣的陈炯明卷土重来，重新占领了潮、梅、东江一带，并联合粤南军阀邓本殷妄图夹击广州。为了彻底解除这一隐患，广州国民政府于1925年10月发起第二次东征。东征军分3路纵队迅速出发，所向披靡。10月14日，攻克惠州，重创了陈炯明主力。在省港罢工工人和东江农民的配合下，东征军长驱东进，追剿残敌。11月初，夺回了潮汕、饶平，全歼陈部万余人。紧接着，东征军又对盘踞粤南的军阀邓本殷进行了南征。至1926年2月，在琼崖负隅顽抗的邓本殷部也被清除，至此，广东革命根据地得到巩固。

正在东征战场捷报频传时，邻省广西也传来了佳音。广西新兴势力——以"定桂讨贼军"命名的青年军人集团，在其团体领袖李宗仁、白崇禧、黄绍竑统领下，服膺孙中山三民主义，愿意投附广东革

1925 年，国民党中央政治会议议决东征计划。图为部分委员合影，右起：林森、廖仲恺、胡汉民、伍朝枢、汪精卫、谭延闿、朱培德。

东征总指挥蒋介石（左）与第二纵队队长李济深（右）合影。

攻克惠州城时，革命军官兵竞先登城情形。

命政权，加入国民革命。广西李、白、黄青年军人，原都为老桂系陆荣廷部下，孙中山发起“驱桂运动”时，陆荣廷被打败，所部也被打散，使这些具有一定新思想的青年军人得以在乱世中互相接纳，自成势力，并崛起为统一广西的一支重要武力。而李、白、黄集团在“平定广西”的过程中，也得到了广东革命政府李济深部对其的大力扶植和支持。因此在取得击败省内陆荣廷、沈鸿英两大军阀势力，统一广西之后，他们受孙中山事业感召，表示愿意接受国民政府的领导，实现两广统一。李、黄、白集团的归附，也是广东方面的急切希望。国民党“二大”一结束，时任国民政府主席的汪精卫偕谭延闿、宋子文等国民政府要人，以“劳军”为名，亲赴梧州，与李、黄会晤，商谈、交换有关两广统一的意见。3 月 23 日，《两广合作宣言》公布，两广统一正式告成。

两广统一乃孙中山之夙愿，孙在世时就一再表示，救国必先剿灭“桂贼”（指陆荣廷等旧桂系军阀），“统一南方”，然后“乃能出师北上”。又说“出桂人于强盗之手，使两粤联成一气，固我初基，进而解决大局”。这说明，没有两广的统一，就不可能有北伐。广西李、

广西青年军领袖人物李宗仁（右）、白崇禧（左）。

白、黄青年军人集团"深明大义"之举，不仅为北伐大业奠定了根据地的基础，也大大缩短了北伐的准备过程，以两广为基地，把国民革命推向全国的"武力统一"已完成其蓄势过程，只待一声号令，就能挥师北上了。

1926 年 7 月，国民革命军总司令蒋介石在
广州东校场举行北伐誓师大会。

1926年6月28日，在北京顺承郡王府所摄。前排左三为张作霖，中间双手拄指挥刀者为吴佩孚，其左后白衣者为张学良，第二排中间高个为张宗昌。

第四章 同仇敌忾：北伐革命的兴起

一、北伐启动前的内部清理和整顿

关于北伐时机的讨论

北伐是孙中山生前矢志不渝之事，1917年“护法”时，就致力于推进“北伐”，因得不到西南军阀支持而未能如愿。1922年驱桂回粤，孙中山再次将北伐付诸实施，亲赴桂林、韶关督师，结果又因粤军之变而中止。1924年9月，孙中山已在广州建立了革命政权，恰值第二次直奉大战爆发，孙中山乘北方军阀内乱，又于是月18日以国民党名义发表北伐宣言，明确

1924年9月20日，孙中山在韶关举行的北伐誓师典礼上。

1924 年 9 月 20 日，北伐誓师典礼在韶关举行，孙中山亲临韶关南校场检阅北伐军。

宣告，“此战之目的不在覆灭曹、吴，尤在曹、吴覆灭之后永无同样继起之人，以持续反对革命之恶势。换言之，此战之目的，不仅在推倒军阀所赖以生存的帝国主义……以造就自由独立之国家也”。宣言发出后的次日，在粤武装建国各军便奉调向湘、赣进发。不过，此次北伐也因时局转换，孙中山应邀北上而撤回。以后，孙中山在北京逝世，留下北伐“统一中国”的未竟之业，可谓壮志未酬。

孙中山逝世以后，随着广东革命根据地的巩固，北伐时机渐趋成熟。作为广东革命政权的最高军事统帅，蒋介石力主尽快实施北伐，理由也很充分，乃“继总理未遂之志，而完北伐未竟之功”。不过，除此而外，蒋介石急于北伐实还有自己的私图，概因广东地方对蒋介石来说，虽为发祥之地，但在粤人眼中他永远是个“外江佬”，只有回到江浙，才有如鱼得水的感觉。对蒋的这番心理，嗣后为蒋介石作传的董显光先生就未避讳，他认为蒋需要到江、浙一带去“宏建”他的“非常功业”。在蒋介石要求下，1925 年 9 月，身为苏联军事顾问团团长的加伦，起草了一份《今后南方工作展望或曰 1926 年国民党军事规划》的文件，正式就北伐做出规划，并认为 1926 年下半年即可启动。

欢送北伐军，吴稚晖、张静江、谭延闿在广州车站与蒋介石合影。

国民政府中的江浙籍要员张静江（前坐者）与陈果夫（左一）、陈立夫（右三）、叶楚伧（右四）、褚民谊等在张宅合影。

加伦的计划得到鲍罗廷赞同，鲍罗廷始终抱有这样观点，认为革命的中心，应该在北方，至少是在华中，而不是在被“彻底腐蚀”了的南方。不过，在北伐时机是否成熟这个问题上，则有不同的声音，苏联军事顾问团团长季山嘉就反对马上北伐，他认为国民政府势单力薄，不足以与北洋军阀对抗，更重要的是，他对蒋介石以及对国民党的一些军事领袖并不放心，认为在没有广泛工农发动的基础上，北伐的匆促发动，不仅军事成果很难巩固，而且还有可能被少数军事领袖利用，成为他们“打天下”的“单纯军事行动”。对此，共产党总书记陈独秀似有相同看法，他在讨论北伐的文章中写道：“论到北伐军之本身，必须它真是革命势力向外发展，然后北伐才算是革命的军事行动；若其中夹杂有投机的军人政客个人权位欲的活动，即有相当的成功，也只是军事投机之胜利，而不是革命的胜利。”

在北伐时机选择上的不同意见，其实持论各方都有自己的道理。事实上，这一争论绝非单是一个北伐何时进行为宜的分歧，而是关系到由谁来控驭北伐进程，乃至最后成果落入谁手的问题。蒋介石起码是清楚这一点的，所以他坚持一步不让。共产国际在权衡各方意见后认为，中国的国民革命已经到了从两广向全国推进的时候。于是在加拉罕、鲍罗廷的指导下，中共通过了《关于现时政局与共产党的主要职任议决案》。1926 年 3 月 14 日，中共中央发出《中央通告第七十九号》，向全党进一步阐明了坚定支持北伐的立场，并明确了中共的工作重点和方向："广东政府也只有向外发展的北伐，煽动全国反帝国主义的暴动，才能增强自己的声威，才能维持自己的存在，否则必为反动势力所包围而陷落。"中央要求全党"不仅是广东作军事的准备，更要在广东以外北伐路线必经之湖南、湖北、河南、直隶等省预备民众奋起的接应，特别是农民的组织"。在北伐出师问题上，取得相对一致的意见后，广东从上到下开始了广泛动员，北伐成为革命继续推进的新目标和新动力。

蒋介石一石三鸟的杰作——"中山舰事件"

正当广州国民政府为北伐出师全面发动做准备时，一场意料不到的事变发生了，这就是发生在 1926 年 3 月 20 日的"中山舰事件"。

此事件当事双方为黄埔军校校长兼广州卫戍司令的蒋介石与代理海军局局长的共产党员李之龙。1926 年 3 月 18 日，海军学校副校长欧阳格奉蒋介石之命，以军校驻广东省办事处的名义，命令李之龙调派中山舰到黄埔候用。第二天，中山舰开到黄埔。蒋介石却诬指中山舰擅自开入黄埔，是共产党阴谋暴动。20 日，蒋介石以此为借口，命令逮捕了李之龙。扣押中山舰，同时出动兵力包围省港罢工委员会，收缴工人武装，拘留第一军第二师中的左派党代表和政工人员四十多

中山舰

中山舰舰长李之龙

人，还包围了苏联顾问团住处，并宣布了全市戒严。

蒋介石为什么要这样做呢？据蒋自陈，因为他发现了汪精卫“得俄顾问季山嘉及共党支持”，有让李之龙劫其至中山舰“迫其离粤，送往苏俄”的阴谋。此说在当时就遭人质疑，事至如今，真相更是昭然若揭。不过，即便在扑朔迷离的当时，有一点大家都不否认：该事件的最大获益人是作为当事人的蒋介石自己。国民党“二大”后，由于共产党和国民党左派势力声势日涨，蒋介石的不安和疑惧也随之激增。尽管其时的蒋介石正处在权力急剧上升的通道中，但他却无时不感到多方面对他权力和地位的威胁。首先是在他之上，被认为国民党“左派”领袖的汪精卫。汪不仅为国民党中央执行委员会主席、政治委员会主席、国民政府主席，而且还兼任了军事委员会主席一职，并为国民革命军各军之总代表。这对一心想登上权力顶峰、由自己独揽权力的蒋介石来说，显然是必欲除去的最后障碍。第二是被蒋看作“太上皇”的苏俄顾问，尤其是军事代表团团长季山嘉，为北伐问题，蒋已近与季山嘉闹翻，又闻季山嘉竟有要蒋北上帮冯玉祥练兵之拟议，这不能不让蒋惕然惊心，由此而生出先发制人之念。第三，是对共产党的戒心与敌视，尤其是共产党人在被蒋视为起家资本的黄埔军校和第一军中的活动，对蒋介石有效控制这支军队产生了直接威胁。军校中的青年军人联合会已成为以共产党为中心的左派革命军人组织，三个师党代表中，共产党员占了2个，所辖9个团的党代表，有共产党身份竟有7人，这样发展下去，在蒋看来，“党军”不仅不能为其所用，甚至还有可能被“赤化”。面对如此“严峻”局面，蒋介石决定采取断然行动，这就是“中山舰事件”之真正起因。

时任国民政府主席的汪精卫。

“中山舰事件”发生后，陈独秀曾主张“准备独立的军事势力和蒋介石对抗”。但是，“国际”代表不赞成。陈独秀也曾“要求把供给蒋介石、李济深等的枪械匀出五千支武装广东农民”，“国际”代表也不同意，其理由为“武装农民不能去打陈炯明和参加北伐，而且要惹起国民党疑忌及农民反抗国民党”。共产国际代表甚至公然宣称“现在是共产党应为国民党当苦力的时代”。于是共产党人只能一味为自己辩白，表示“与事件无关”。苏俄方面则因担心与蒋关系破裂，答应了将季山嘉等人调回。倒是汪精卫曾试图“扣蒋”，但几位手握兵权的军长均各有想法，面面相觑，汪感到自己威信受损，为对俄国人有个交代，乃表示“不再负政治责任”而去了香港。汪的负气离去，正中蒋的下怀。

蒋在达到一石三鸟目的后，开始出面缩小事态。对苏联顾问表示事件本身是个误会，责任在李之龙，而非苏联顾问，只要解除季山嘉职务就行。限制共产党的范围，也只是在军校和第一军中，与其他各军无涉。并表示希望得到汪精卫的谅解和各军的支持。为此，蒋还提交了一份承认犯有“专擅之罪”而“自请处分”的呈文。蒋的这一招果然有效，在汪精卫出走、中枢无主的情况下，各军军长表示可以由蒋主持时局大计，而蒋的支持者更是全力以赴地挺蒋。蒋介石在发动事变后，不仅未有任何损伤，反而威信陡增，尤其在一些国民党人心目中，蒋成了敢于顶撞俄国人的“英雄”。

“整理党务案”与蒋介石初掌党政军大权

“中山舰事件”激起国民党内右翼势力一片叫好声，但蒋介石对此并未领情，不仅立即发表声明，痛斥右翼势力与“西山派人士”“认蒋为同志”，乃“希图颠覆政府，摧残本党”，更斩钉截铁表示：“中正誓为总理信徒，努力革命，凡与帝国主义有关之败类，誓将扫除……如派人来粤煽乱，即予拿解法庭定罪。”蒋这样做有双重目的：一是借此向苏俄方面表明姿态，维持与俄、与共的关系；二是抑制党内“老右翼”势力借机翻盘，给自己减少通往权力顶峰的障碍。“中山舰事件”发生后，曾遭左派“放逐”的党中元老胡汉民赶回广州，自认有希望接替汪精卫出面主持政局，结果遭蒋冷落，蒋不仅拒绝了胡的反共建议，还将胡的建议告诉了苏联顾问，迫胡再度离粤，去了香港。由于党内两巨头汪、胡的相继离职，蒋介石俨然成为

第二军军长谭延闿

胡汉民

广州方面唯一能支撑局面的最高领袖。4 月 16 日，国民党中央党部和国民政府召开联席会议，会上决议由素有“文甘草”之称的谭延闿暂代国民政府主席，而蒋介石本人则控制了中央政治委员会和军事委员会两个重要部门的实权。

为巩固战果，蒋介石趁热打铁。1926 年 5 月，也即“中山舰事件”过去一个多月后，蒋介石利用当时人们对国共合作的危机感，危言耸听地提出：今后要避免中山舰事件这样的“误会”发生，就要解决两年来由于共产党员加入国民党而引起的“党内纠纷”，找出“消除误会的具体办法”，于是蒋要求召开二届二中全会以解决“党务诸问题”。“中山舰事件”发生时不在中国，但其时已回到广州的鲍罗廷，见有利局势已为蒋介石所控制，只好同意了蒋召开会议的要求，并被迫接受了蒋提出的“整理党务八条办法”。

5 月 15 日，国民党二届二中全会在蒋介石主持下召开，会议通过了蒋《整理党务决议案》。是案对中共党员在国民党中的任职作了一系列限制，如规定：加入国民党的共产党员在国民党中央、省、特别市党部中担任执行委员，其数额不得超过各该党部委员数额的三分之一；共产党员不得担任国民党中央各部部长；国民党员不得加入共产党；共产党须将加入国民党的共产党员名单交国民党中央主席保存；共产党对参加国民党的共产党员的指示，须事先提交国共两党联席会议通过方能下达等。该案还以避免以后再有类似“误会”发生为名，要求中共党员全部退出第一军。由于苏俄与中共这一时期对蒋介石的“退让”政策，《整理党务决议案》得以顺利通过。

根据《整理党务决议案》规定，原任国民党中央部长的共产党员全部离职，在第一军中的共产党员也被迫退出了第一军。国民党中央常务委员会主席由张静江代理，叶楚伧任国民党中央党部秘书长，邵元冲任青年部部长等。蒋介石本人除任中央政治委员会和军事委员会主席两个重要职务外，还兼任了中央组织部部长一职，自此国民党的党、政、军大权基本落入蒋介石及其帮派集团势力之手，国民革命军第一军也日渐成为蒋介石手下的一支嫡系武装。

二、广州国民政府出师北伐

援唐作战揭开北伐序幕

蒋在“中山舰事件”后虽然极为凌厉地打击了左右两边的权力挑战者，登上了权力的高峰，但其领导地位并不巩固。不仅苏俄、共产党，乃至国民党“左派”对其“恶感”倍增，广东军界黄埔系以外的军事领袖也对蒋的擅权跋扈不以为然，欲推翻蒋者、或觊觎蒋之权位者大有人在。蒋自己后来回顾说，当时俄共谋夺在广州的政权，“所以我们必须突破这限于广东一隅的危局，实行出师北伐”。不过，对是否由蒋来担任北伐国民革命军总司令，各军意见甚不一致，北伐大计虽已有定，但却风声大、雨点小，出兵之议屡被搁置。

正当广东方面兴师未决之时，湖南爆发了叶、唐之战。开战的一方为湘军第四师师长唐生智，另一方则是同为湘军的第三师师长叶开鑫。唐、叶原都为湖南军阀赵恒惕的部下，赵恒惕自执掌湘省大权后，名义上附北，受吴佩孚节制，但一再打起“联省自治”招牌，南抗北拒，引起吴佩孚不满。吴为插手湘局，暗中扶植唐生智势力，对赵进行牵制。唐生智毕业于保定军校，一向自视甚高，野心勃勃，在自己的第四师实力发展起来后，便生在湘取赵而代之之心。1926年初，湖南因受两广革命风潮影响，民众发起驱赵运动，唐生智见有机可乘，乃于3月中旬发兵驱赵，赵恒惕见难抵挡，通电下台，而忠于赵的湘军第三师师长叶开鑫则坚决抗唐，率部退至湘鄂边界，向吴佩孚求援。湘事让吴佩孚看到收取湖

1926年春，湖南政局变化，以赵恒惕为首的军阀政府垮台，倾向广州国民政府的唐生智代理湖南省省长。吴佩孚以援赵为名，进兵湖南，唐生智向广州国民政府紧急求援。图为曾为赵恒锡手下第四师师长，后任国民革命军第八军军长的唐生智。

赵恒惕

1926 年长沙人民召开市民大会，赵恒惕被迫出走。

南的机会，乃以“助叶讨唐”为名，发兵入湘。吴军久经沙场，精锐无比，一经接触，唐军立溃。吴军攻下岳州后，大军直逼长沙，唐生智情急之下，乃以同学私谊急电广西李、黄、白，请求支援，同时致电广州国民政府，表示只要能得到援助，即愿率所部投效革命政权，充当北伐前驱。

接唐电后，李宗仁立即与黄、白等人进行了紧急磋商，一致认为，北伐已为既定方针，出师势在必行。现吴军正大举南下，一旦拿下湖南，便将直接威胁两广，到时，不仅革命方面将陷入被动挨打的危境，一旦唐军溃入广西，北军尾追入桂，广西统一局面也万难保全。于是，在来不及报告广东方面的情况下，李、黄当机立断，做出援唐决定，并当即命令桂军一部钟祖培旅做好入湘作战准备，先以尹承纲团为钟旅前锋，兼程开赴衡阳前线，同时急电中央，告之“第七

1926 年 5 月 20 日，叶挺独立团挺进湖南，揭开了北伐的序幕。图为行进中的北伐军。

军援湘之师已经出发，北伐势成骑虎，望速定大计”。几日后，中央复电：“策动唐部举义，至深嘉许，桂省出兵支援，亦表赞同，至北伐问题，关系重大，深盼李督办来粤会商，再行决定。”

5 月 10 日，李宗仁偕唐生智派出的代表刘文岛同往广州。5 月 25 日，讨论北伐的中央政治会议在粤召开。李宗仁首先在会上充分陈述了克日北伐的理由，得到粤军李济深的响应，李济深主动表示愿抽调所部精锐陈铭枢、张发奎两师北上赴湘援唐，第四军在广州城郊之叶挺独立团可立即出发。李之第四军为广东部队，今既自告奋勇，愿作前驱，其他各军原系“客军”，胜固有利大家，败也与己无关，落得赞成。于是，李宗仁的北伐之议在会上一举获得通过。会议还同时任命唐生智为国民革命军第八军军长，并决定择时推选北伐军总司令，组织北伐军司令部，北伐于是进入具体计划阶段。

5 月底，李济深部叶挺独立团先行从广州出发开抵湖南安仁、渌田拒敌，陈铭枢、张发奎两部也自南路和琼崖北调，驰援入湘。其时广西最早出发之钟旅尹团与唐军会合后，已在衡山、衡阳、涟水一线与助叶开鑫之北军展开大战。由于两广生力军的加入，原已不支的唐军声势复振，吴军攻势被遏，湖南战局暂时得到稳定。为促成大部队

时任国民革命军总司令的蒋介石。

早日跟进，粤、桂实力军人窥破蒋之心思，共商推举蒋为总司令来换取北伐尽早出师。于是就出现了刊于广州《民国日报》的这一幕：广东军事委员会召开会议，由何应钦出面要各军军长对北伐总司令人选表态，会上出现了冷场。何见无反应，顾自发表意见："此后各军，亟需团结，并请蒋校长统率"，语落仍无人表示附和。何乃拿出已拟定的一份电稿，请各军长讨论发表。这时李宗仁率先表示"同意"，其余军长"方才同意审查后一一署名"。

由于所期国民革命军北伐总司令一职到手，北伐各项准备开始积极进行。1926 年 6 月 4 日，国民党中央执委临时会议正式通过《迅速出师北伐案》。5 日，国民政府特任蒋介石为国民革命军总司令，授权其组织国民革命军总司令部，指挥北伐事宜。至此，北伐准备步骤明显加快，序幕就此拉开。

北伐誓师与国民革命军序列

黄埔建军乃国民党武力改造之起点，也是广州国民政府实施其对在粤各色武装进行革命改造的基本依托。1925 年 8 月 26 日，在黄埔“党军”和建国各军基础上组成了国民革命军一至五军：第一军，由“党军”第一旅和部分粤军组成，蒋介石任军长；第二军，由谭延闿的建国湘军组成，由谭延闿任军长；第三军，由朱培德的建国第一军改编而成，朱培德任军长；第四军，主要由建国粤军第一师改编而成，李济深任军长；第五军，以李福林的粤军第三军为基础扩编组成，李福林任军长。不过，名称虽变，但原来的统属关系未变，基本仍为各自为政。国民党“二大”时，为实现军政统一，蒋介石被任命为国民革命军总监，并予指导和监督各军之权。但指导、监督，并不意味着指挥。其时的国民革命军建制又有增加，以程潜的援鄂军为基础，组成了国民革命军第六军。又因两广的统一，广西李宗仁、黄绍竑所部也加入了国民革命军序列，被统一改编为国民革命军第七军。但指挥系统并未理顺，各军之间也甚少往来，相当独立。而如今蒋介石已取得了国民革命军总司令

蒋介石

第七军党代表黄绍竑

一职，虽然名义上有了号令各军的大权，但不能完全保证蒋对各军的绝对指挥。

1926 年 7 月 7 日，《国民革命军总司令部组织大纲》公布。该大纲规定总司令兼任军委会主席，其职权为统辖陆、海、空各军，并对国民党中央与国民政府在军事上负完全责任。在总司令部未成立之前，军委会既为国民政府军事行政机关，又是军事统率机关。总司令部成立后，军委会仅是军事行政机关，总司令部成为军事统率机关。总司令部还有更大的一项职权，即“出征动员令下后，即为战事状态，为图军事便利起见，凡国民政府所属军民财政各部机关，均须

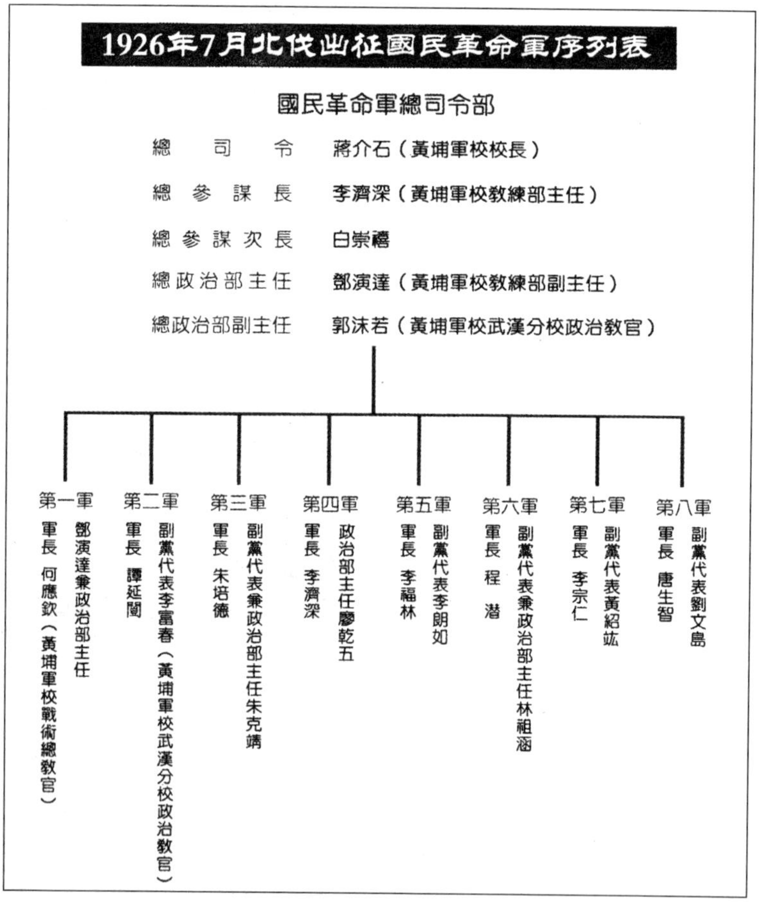

1926 年 7 月北伐出征国民革命军序列表。

受总司令之指挥，秉承其意志办理各事”。也就是说，一旦军事出动，国民革命军总司令部就不仅只是军事指挥首脑机构，而且还将同时统管“军民财政”，无形中掠取了政府的大部职权，总司令部也由此成为北伐时期一个权力至大、军政两栖统领机构。

北伐总司令部成立后，立即对军委会及其下属机构作出了调整。7月，国民党中央党部增设军人部，蒋介石亲自兼任部长。此后不久，就出台了修订的《党代表任免条例》，规定今后党代表任免改由军人部部长提名，也就是说党代表以后不再对中央党部负责，而直接对军人部负责，实际上也就是对蒋介石本人负责。蒋对党代表任免制的这一变动，不仅是对原来效仿苏俄建军模式的一个重要修正，也是他控制军队的一个重要步骤。“中山舰事件”后，蒋介石就有废止“党代表”制的想法，他认为“以前革命时代，要利用许多白党的军官，所以没有法子，才派党代表。现在军队官长都是党员，用不着什么监督，所以党代表制度就可以废除。”不过，由于其时北伐还须得苏俄和中共的支持，党代表制度还不得不暂时保留。

第一军军长何应钦。

1926年7月，北伐各军整编完成。蒋介石为国民革命军总司令，负责率军北上。李济深为总参谋长，负责留守，前方总参谋长由参谋次长白崇禧代行。国民革命军设政治部，主任为邓演达，副主任为郭沫若。北伐国民革命军由八个军组成，一至八军军长及党代表分别为：第一军，军长何应钦，党代表缪斌；第二军，军长谭延闿，党代

第三军军长朱培德与夫人。

第四军军长李济深。

第五军军长李福林。

第六军军长程潜。

第七军军长李宗仁。

第八军军长唐生智。

表李富春；第三军，军长朱培德，党代表朱克靖；第四军，军长李济深，党代表廖乾五；第五军，军长李福林，党代表李朗如；第六军，军长程潜，党代表林伯渠；第七军，军长李宗仁，党代表黄绍竑；第八军，军长唐生智，党代表刘文岛。八个军共计总兵力十五万余人。除李济深第四军一部，第五军大部留守广州，第七军一部留守广西外，其他各军均出师北伐，兵力有十万之众。这是北伐革命“统一中国”的基本武力。

1926 年 7 月 9 日蒋介石就任国民革命军总司令，进行北伐誓师。

1926 年 7 月 4 日，中国国民党中央执行委员会会议通过《中国国民党为国民革命军出师北伐宣言》。宣言表达了中国国民党“为民请命，为国除奸，成败利钝，在所不顾，任何牺牲，在所不惜”的决

北伐誓师大会，站在最高处的是蒋介石。

心，号召全国民众群起而助革命一举成功，并坚信国民革命一定能取得胜利。9日，国民革命军北伐誓师大会在广州东校场隆重举行，党政军负责人和各界民众五万余人参加。谭延闿代表国民政府向国民革命军总司令蒋介石授印，吴稚晖代表国民党中央党部代表授旗，蒋介石谨受宣誓毕，致答词，并举行阅兵式。会上，气氛隆重，士气高昂，蒋介石发表宣言、通电，以及《告广东军民书》等，并以国民革命军总司令名义，宣告北伐战争正式开始，也由此将第一次国共合作的中国大革命推向了高潮。

北伐军事战略与作战部署的拟定

国民革命军的北伐出师除了整合革命武力外，最重要的就是制定正确的军事战略与明确作战方针和步骤。而国民革命军北伐军事战略的最后出台经历了多次反复的过程。

首先是明确打击的重点目标。国民革命的总目标是推翻北洋统治，就当时北洋的力量来看，中央统治权力掌握在张作霖及其奉系军

北伐誓师时，国民革命军举行阅兵式。

阀手中，奉张是国民革命最终要讨伐消灭的对象。奉系势力虽然掌握中央权柄，但其军队主要在北方。南方国民革命军北伐出师首先要面对的是另外两支北洋武力，一为吴佩孚，一为孙传芳。北京政变后，吴佩孚率领残兵8000余人退至长江流域，在湖北武昌和湖南的岳州作了一番修整，等待再起的时机。浙奉战事爆发后，吴佩孚响应孙传芳，也发出反奉通电，并亲到汉口，自称受14省拥戴，就任14省联军总司令（所谓14省，指苏、浙、豫、皖、陕、晋、湘、鄂、赣、川、黔、桂、粤、闽）。其时的吴佩孚，虽然虚张声势，号称“十四省联军率领”，但手中兵力并不少，有20余万，且实际占据了湘、鄂、豫及陕西东部，控制京汉铁路，是国民革命军北伐必须面对的强敌。而北伐面对的另一强敌则是其时控制着苏、皖、浙、闽、赣，以“五省联军总司令”自命的直系军人孙传芳。孙传芳原属吴佩孚部下，1923年由湖北调福建，击败福建军阀臧致平、杨化昭，当上福建督军。1924年齐、卢之战后，所部由闽入浙，收编卢部武装，实力大增，又担任了浙江督办。北京政变后，奉军入关一路南下，占据地盘，势力深入江苏等地，从而激化了孙传芳与奉系的矛盾，双方由

1926 年 1 月 27 日广东国民政府欢送邓演达、张发奎等返回武昌时留影。

此爆发浙奉战争。奉军在此战中失利，孙传芳占据南京后，续占徐州，奉军退守山东，这样东南半壁成了孙传芳的天下，兵力也有 20 余万。面对这两个强大的当面之敌，是分兵进攻，还是各个击破？这关系到主攻方向和兵力配置，是北伐军事战略拟定的第一个需要解决的重大问题。

此外，关乎北伐战略全局的还有出兵路径的选择。国民革命军北伐出师面对的是十倍于自身的北洋兵力，又是由南向北进发，南北地理形势也是军事出动必须考虑的重要因素。作为军事统帅，蒋介石有过多种方案的考虑，在其 1926 年 1 月 11 日的日记中，他写道，“先统一西南，联络东南，然后直出武汉为上乎？或统一湖南，然后联络西南、东南而后再进规中原为上乎？抑或先平东南，联络西南而后长驱中原乎？殊难决定也。”不过，这个问题随着湖南唐生智部的投附，得到了一定的解决。湖南唐、赵之争，为国民革命军北伐提供了一个极为有利的时机。关于这一点，用唐生智手下重要将领李品仙的话来说便是“由两广出师北伐，取道湖南，在交通上固较江西为便，在战略上也要优越得多，何况还要加上湖南雄厚的人力及物力，所以唐的输诚，可说是国民政府在北伐出师之前政治上的重大胜利”。何况，吴佩孚军队的大举入湘，事实上已对两广革命基地形成直接威胁。而广西军队和广东军队的先行出师，则使北伐出师湖南成为定局。

1926年北伐军出师前，广州民众代表欢送国民革命军挥师北伐。

1926年5月，苏俄顾问加伦应邀回到广州。在北伐军事战略的制定过程中，加伦发挥了极其重要的作用。早在1925年9月20日，加伦将军就曾为国民党拟定《军事规划》，其中提出“作战部队要集中出发，集中突击。江西、湖南两省要择其一攻打之，攻克一个省，再迅速廓清另一个省”，认为“集中作战，可以旗开得胜，也有助于国民党最后的胜利”。加伦这一思路，得到蒋介石的高度赞赏，蒋据此制定了“先打吴佩孚、妥协孙传芳、放弃张作霖”的所谓“各个击破”总战略，具体而言，即根据敌我双方军事实力和出兵缓急情况，北伐军将首先以湖南、湖北为主攻方向和主战场，集中兵力消灭吴佩孚的军队，占领武汉，然后将主力转向东南各省，消灭孙传芳的军队，占有长江中下游地区，与两广根据地连成一片。最后进入长江以北地区，消灭奉系军阀张作霖。这一战略拿《北伐动员令》中蒋介石的话来说，就是“先定三湘，规复武汉，进而与我友军国民军会师，以期统一中国，完成国民革命。”

自孙中山将其领导下的革命运动定位为“国民革命”，用“武力”完成“中国统一”便被南方革命党人视为根本手段和目标，中国历史上有过无数次“分”与“合”，其最后之解决途径多为“兼并”模式，也就是所谓的“武力统一”。国民革命用来“统一中国”的模式，与历代改朝换代所采行之“兼并”手段并无二致，不同在于两个方面：一在于依靠的“武力”，以往的“武力”靠的是“私军”，而国民革命的“武力”用的是“党军”；二在于实现的目标，以往的“武力统一”，实现的是“家天下”姓氏的转移，而北伐革命则是“以党造国”的践行。至于同样靠“武力”造成的“家国”与“党国”究竟有何区别，恐怕当时很少有人会去细想。社会的全面危机，迫使中国走向了全面变革的道路，国民革命选择了“武力统一”这在当时历史条件下似乎是唯一行之有效的制度变革与权力转移的途径。尽管战争会以成千上万生命的代价给社会带来巨大的灾难、伤痛，但在“主义”感召下，一切都已经义无反顾，只有勇往直前。北伐军将士无论国民党还是共产党，是将佐还是士兵，都为“主义”而鼓舞，充满了献身精神和战斗豪情，当帝国主义和军阀被认为是造成中国所有问题的祸根后，用革命武力去清除这一祸源，在当时的中国人看来，实在是再正当不过的诉求，此也是“武力”北伐最大的精神动力。而今北伐战略既定，出征将士士气高昂，在响彻云天的“打倒军阀除列强”的军歌声中，广东出现了军、民、商各界同仇敌忾，全力以赴支持北伐的热烈情景。

三、北方各派军阀对南方北伐的应对

吴佩孚恋战南口

1926年1月，吴佩孚和张作霖捐弃前嫌，在“联合讨赤”的旗帜下结成同盟。直吴与奉张的再次携手，诚如吴部下在北京对中外记者

中国国民党执行委员会临时全体会议通过国民革命军出师北伐案后，军阀大为恐慌。1926 年 6 月 18 日吴佩孚派四路大军赴援湖南，又至北京与张作霖会晤。图为 1926 年 6 月张作霖（左）在北京顺承郡王府欢迎吴佩孚（右）。

所言，“奉直妥协的政策，是先扑灭北方赤化，然后再扑灭广东之赤化，期实行全国之刷新。”然而，北方毕竟是国中政治重心，对一心想规复直系中央地位的吴佩孚来讲，虽然与张的分工是主要对付“南赤”，但若有机会他也决不放弃北方。故在讨伐退守西北的冯玉祥部时，吴十分卖力，而对南他则是伺机而动，作战重点依然在北方与张作霖合力扫清冯玉祥的国民军势力上。但偏偏这时湖南出了问题。

湖南爆发叶、唐之战后，在是否援叶问题上，吴佩孚手下当时有两派意见：一派主张联唐，承认唐生智的既成事实，让唐生智控制湖南，可以作为湖北的屏障；另一派则主张帮助赵恒惕，赶走唐生智。吴佩孚部下张其锽进言：“唐生智虽不足惧，可是他如果投靠了广东，其力量就不可侮，因此纵然打下了长沙，打到了衡阳，可是湘省的局部问题将演为南北问题，这是不可不重视的。”张其锽所言甚当，可惜吴佩孚过于自信，且早存将湖南收入囊中之心，对此议未予置理。1926 年 4 月 25 日，吴佩孚委任叶开鑫为讨贼联军湖南总

1926 年 1 月张学良等在南口阵地视察。

司令兼湖南省省长，并出动所部军队入湘助叶讨唐。初时战事顺利，拿下长沙，但唐部很快因得到广西李、白桂军一部的支援，双方在衡山、衡阳、涟水一线展开拉锯战，吴军攻势被遏。

南方的出兵，并未让吴佩孚警醒，他认为“若辈年青人不畏死，不啻寻死”，定湘只在早晚之间。于是，在张作霖急电相催下，吴于 1926 年 5 月 26 日，启程北上，设总司令部于长辛店，准备亲自指挥南口之战，准备消灭冯军，以报“反叛”之仇。根据吴、张的约定，奉军部将张宗昌的直鲁联军和直军各部合围南口，将由吴统一指挥。然因直、奉之间既有的矛盾，双方在配合作战时很难达成默契，而吴佩孚用于包围南口的主力又多由原国民军改编而成，缺乏旺盛的斗志，南口因此久围不下。而此时的南方战线因两广生力军的加入，战况已发生逆转。吴佩孚既要北上讨伐冯玉祥，又要南下驱逐唐生智，犯了两线作战的大忌。

为解决南方危情，吴佩孚从南口战场抽调精锐田维勤、王为蔚、魏益三等部南下加强两湖防线。不料，田维勤手下的许权中率部发动

北伐军占领长沙。

起义。许权中是李大钊一手发展的党员，早有率部起义的计划，此番起事，将田的部队拉走近一半。许部的起义，打乱了吴佩孚南下援军的部署，不仅支援了国民军的南口固守战，也策应了北伐军在两湖的军事行动。五六月间，南方北伐的声浪已起，在南口的吴佩孚深知湘局严峻，遂令原来计划分四路兵力援湘的宋大霈、王都庆、唐福山，董政国等部增援叶开鑫，并令航空队率飞机两架及兵舰十余艘入湘备战。责成所部守住醴陵、湘潭、湘乡之线，以待北军来援。

不料，南方革命形势一日千里。由于北伐战略有定，两湖已为国民革命军一期作战的主战场，北伐军总司令部为此制定了《集中湖南计划》，该期作战以各军协同会合夺取长沙为目标，兵分三路：右路军，由第四军副军长陈可钰任指挥，第四军第十师、第十二师、独立团为主力，在湘江东岸对敌进行牵制作战，相机攻取醴陵、株洲；中路军由唐生智的第八军第三师、教导师、鄂军第一师组成，担任涟水正面之佯攻；左路军由第八军第二师、第四师和第七军第八旅组成，何键任指挥，负责主攻潭市及娄底方面。另以第七军第一旅，第七旅第十四团为总预备队，胡宗铎任指挥，部署于永丰，策应各方。1926 年 6 月底，一期作战打响。各路进展顺利，犹如摧枯拉朽，北军布置了一个月之久的渌水、涟水防线很快被突破，7 月 11 日北伐军攻入长沙。

长沙市民欢迎会邓演达（持鞭前行者）与唐生智（持鞭后行者）。

湘事爆发时，吴佩孚自以为国民革命军入湘作战部队不会很多，叶部湘军虽退至湖北，但主力还在。加上东南还可得孙传芳部的支援，定湘应不在话下。然而，战事的发展完全出其所料，至长沙落入国民革命军之手，吴佩孚方感到此次南军出师与孙中山昔日之北伐已不可同日而语，不敢再掉以轻心，但此际他正指挥北军在南口与国民军作最后鏖战，一时仍难抽身，加上报仇心切，声称“南口一日不克，本总司令一日不能南下”。话虽如此，吴佩孚也紧急调整了南线作战计划，直军结重兵于平江、汨罗、岳阳，以汨罗江为第一道防线，羊楼司、五里牌、云溪为第二道防线，准备在他结束南口战事后，再与北伐军在湘北决战。不过，待他结束南口战事再率主力南下时，湖北也已危在旦夕了。

孙传芳中立东南

当北伐军开辟湖南战场时，盘踞东南的五省联军司令孙传芳心情十分复杂。革命军打吴佩孚，按理说孙可利用他们两败俱伤之时，坐收渔人之利。但从另一方面考虑，湘赣互为犄角，地界犬牙相错，如果两湖尽失，则唇亡齿寒，谁能保证下一个受攻击的不是他自己呢？何去何从，孙传芳一时难决。为此，孙专门请教了时为孙传芳高级幕僚的军事家蒋百里。蒋以三策献之：上策为出兵长沙，“腰击”北伐军；中策则待蒋、吴两军相争，两败俱伤之际，出兵占武汉；下策，主力向江西布防，以逸待劳，寻机出击。孙传芳考虑再三，取了下策。他一面与南方派来的使者讲和，一面将其20万大军分五路布防于江西、福建。第一路以邓如琢为总司令，驻南昌一带；第二路以郑俊彦为总司令，驻防南浔路南段；第三路由卢香亭任总司令，驻南浔路中段的德安、涂家埠、武宁一带；第四路以周荫人为总司令，驻福建；第五路以陈调元为总司令，驻武穴、富池口、石灰窑。

坐拥东南五省的孙传芳。

孙传芳之所以不愿马上出兵援吴，有其苦衷。孙为五省联帅的位置时间不长，地位尚未完全巩固。所部多为各地方武力整编，虽也号称二十余万，但实际并不如此，且所部弹械不足，纪律不好，战斗力有限。此外，孙在东南很多方面要仰仗地方绅商的支持，刚当上五省联军总司令时，他提出过“保境安民”口号，颇得绅商拥护。闻南军兴师，商民惊恐，加上国、共两党在江浙地区的活动，江浙一带掀起和平运动，各地商会会长联名致电孙传芳，对所谓“援湘”准备表示惊疑。电文称“兴无名之师，何如以不战服人？惩异端之攻，何如以自强不息！”电文要求孙传芳“熟筹全局，慎于一发”，要求孙传芳“力顾五省保境安民宣言，勿牵入湘、粤战争漩涡”。这一舆情，也不

张群

能不让孙传芳在“师出无名”上，有所顾虑。因此，他还不想过早投入战争。

当然，孙传芳在两湖战事中决取中立，更重要的原因是与南方通过信函来往，已达成某种默契。其实，自就任五省联军总司令后，孙传芳就多次派人赴粤“修好”，以图维持现有势力范围。国民革命军准备北伐后，孙传芳又向蒋介石提出，希望不用北伐字样，不侵犯福建与江西。蒋介石则以承认孙的“五省总司令”地位相许，要求孙传芳和吴佩孚决裂，倒向粤方。以后，蒋介石指令驻沪代表何成濬与孙传芳在沪接洽，何成濬提出：孙传芳可接受广州政府委派，为东南五省首领，但要求孙军自江西西进，会同国民革命军夹击湖北。孙传芳则要求国民革命军退出湖南，将湖南作为南北缓冲地带。孙还表示，他可以赞同国民党的三民主义，但反对共产主义，而他对何成濬的提议则始终不作答复。不久，蒋介石又派张群去联络孙传芳。张群和孙传芳是日本陆军士官学校的先后同学，张群到南京后，向孙建议三策：上策，与国民革命军携手共同北伐；中策，局外中立；下策，帮助吴佩孚对抗国民革命军。双方曾就此反复讨论，结果，孙还是没有接受国民政府的任命，但同意了保持中立。谈判虽未取得“不战而屈人之兵”的成效，但就离间孙、吴关系，保障战略实施的谋略而言，是南方的一个巨大的成功。

张作霖无暇南顾

北方军人中，其时唯一仍具相当实力的军阀为奉系张作霖。执政府倒台后，张作霖及其奉系控制了北京，但议会已被遣散，武人凭借武力，固能逞胜一时，却很难再借助“宪法”来取得其合法性，于是国家元首缺位，靠一个主要由文官组成的摄政内阁维持局面。而张作霖虽有武力尚可依恃，但实际对政局已失去统驭能力。冯玉祥的国民军虽被逐出京、津，但京、津地区并不太平，让执政府倒台的“三一八事件”已凸显了国、共组织在北方的能量，而这时的北方，虽不是国、共的地盘，革命氛围并不亚于南方，工人罢工、学生罢课此起彼伏，抗议演讲、游行示威也日日见诸报端。为了阻止“三民主义”和“共产主义”向北方泛滥，张作霖下令“用重典”，要求整顿思想，整饬言论机关，结果更招来一片嬉笑怒骂。恼怒之下，他开始对舆论界报人痛下毒手。

著名记者邵飘萍，袁世凯时期，就因揭露和抨击袁氏复辟帝制，所在报社遭封闭，邵本人亦被捕，在经营救出狱后，流亡日本，入法政学校读书，同时组织了东京通讯社。1915年，外国报纸透露日本政府向袁世凯提出“二十一条”，邵立即向国内报道，予以揭露。1916年春，邵飘萍回国担任《申报》《时报》《时事新报》主笔，所写文章大多揭露北洋政府的黑暗与丑闻，一时风靡全国。1918年7月，他在北平创办新闻编译社，同年

被张作霖杀害的《京报》记者邵飘萍。

10月又创办《京报》。翌年五四运动爆发，激于爱国义愤，以“铁肩辣手”自诩的他，在《京报》上发表了大量揭露曹、陆、章卖国罪行的文章，触怒了段祺瑞政府，结果报纸被封，邵再度流亡日本。1920年下半年，段祺瑞政府倒台，邵回到北京，恢复《京报》，并与徐宝璜一起在北大校长蔡元培的支持下，在北大成立新闻学研究会，开讲新闻采访课。这时的邵飘萍已受共产主义思想影响，并开始宣传马克思主义。1925年，孙中山北上准备召开国民会议，邵在《京报》上刊登孙中山在北上途中的照片，冠以“全国景仰之孙中山先生”的标题。之后他抨击军阀政治更是不遗余力，并支持了冯玉祥的国民军和郭松龄倒戈，为此遭到奉系军阀的忌恨。“三一八惨案”后，张作霖以“宣传赤化”为名，将邵飘萍逮捕，并于1926年4月26日将他杀害于北京天桥。足见被指为军阀的人物，其内心的空虚与恐惧。

就在邵飘萍被枪决短短百日之后，另一位独立报人林白水在同一地点惨遭毒手。林白水在报界以才情与胆量著称。因将入驻北京的奉系军阀张宗昌骂为“狗肉将军”，又讥讽张宗昌的“智囊”潘复与张

张宗昌

被张宗昌杀害的独立报人林白水。

孙中山国葬于北京时的盛况。

的关系为“肾囊之与睾丸”，从而引来杀身之祸。林白水被捕后，名士杨度和《黄报》的记者薛大可，为了营救林，曾经向张宗昌苦苦哀求，甚至长跪不起，但是林白水最终还是被扣上一顶红帽子，绑赴天桥枪决。

民国以来，北京新闻界虽也遭军阀迫害，但军人对言论自由并不过多干涉，新闻记者公开被处死刑，这还是在奉系军阀再次入关后才有的事。北洋军人，特别是奉张军阀，一反北洋对文人忍让的旧则，随意捕杀记者、文人、学生，更使北洋政府颜面尽失。而这么一来，不仅整个社会对北洋军人极度反感，原来支持其政权的改良力量，而今也离心离德，并渐渐成为该政权的反对力量和消解因素。至此，在道德上、文化上，本来就没有多少本钱可资较量的民国北京政府，在民众心中完全成了一个负面符号，历史给了北洋政府十六年的时间，但它却什么也没能拿得出来，只是用十六年时间把自己一点一点推向毁灭。

与此相反，这时的南方国民革命力量，声望却日日高涨，成了人们心目中此时唯一具有统一全国能力的政治力量。其领袖孙中山虽已逝世，但孙已成了国民心目中的伟人象征，孙在京逝世时，即便是他的敌人对他也表示了高度敬意。当时的段祺瑞执政府给孙中山以国葬待遇，举国降半旗致哀。移柩入中央公园社稷坛时，“灵榇所到之处，高呼口号，声震遐迩。花圈挽联，布满通衢，天下缟素”。之后移灵于西山碧云寺，更是“参加执绋者十余万，民众扶老携幼，罗列于天安门至西直门，以迄燕京大学途中；尤以青年学生、军人及工人为多，途为之塞”。民心所向如此，北洋人物与之恰成鲜明对比。北伐胜负之局，其实早在军事展开之前就已有定数了。

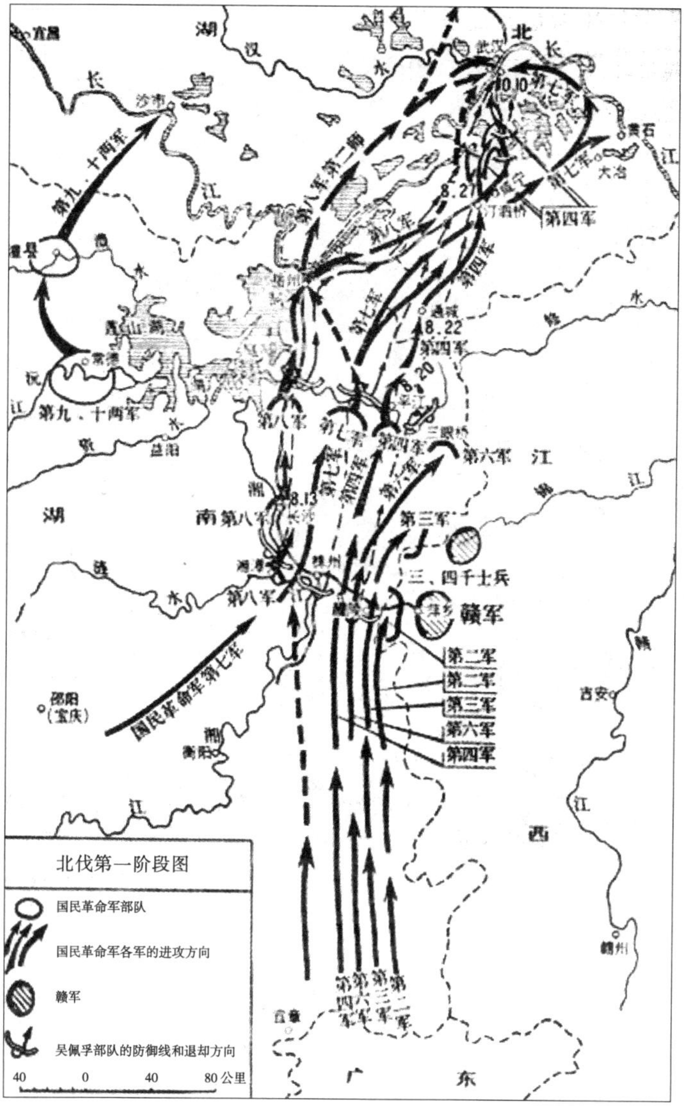

国民革命军北伐第一阶段图

北伐军抵达上海前，英军统帅在租界阅兵。

第五章

胜利进军：击败吴佩孚、孙传芳

一、两湖奏捷

汀泗桥“铁军”显神威

长沙攻克后，8月12日，国民革命军总司令蒋介石偕同北伐司令部主要成员，包括总政治部主任邓演达、行营参谋长白崇禧、总军事顾问加伦等一行抵达长沙。当晚即召开了前方主要将领会议，讨论下一步作战方略。经反复讨论，议决采纳李宗仁等几个军长的意见，第二期作战，仍以两湖为主战场，先鄂后赣，消灭吴佩孚，得手后，再挥戈东南，进兵江西、福建，扫荡孙传芳。目标既定，作兵力部署如下：中央军，由第四、第七、第八军组成，以唐生智为总指挥，继续向北进攻，直取武汉；右路军，由第二、第三军组成，由朱培德任总指挥，集结醴陵、攸县，负责监视江西之敌；左路军，由新编入国民革命军序列的黔系部队组成，由袁祖铭任指挥，率王天培、彭汉章两部（第九、第十军），负责封锁长江上游；总预备队，第一、第六军。

按照北伐第二期作战部署，首战为突破吴军的汨

北伐军步兵自长沙出发。

罗江防线，担任作战任务的第四、七、八军分为两路纵队：前敌总指挥唐生智率所部第八军为左纵队，进攻浯口以西和黄田以东之敌，而后北上攻占岳州，挺进武昌；第四、七两军为右纵队，由李宗仁统一指挥，下分两路：一路进攻浯口，强渡汨罗河，攻击平江以西之敌，进而北上，再攻武长线之蒲圻，而后沿铁路进攻武昌，此路由第七军担任，李宗仁亲自督率；一路由第四军副军长陈可钰指挥，进攻平江，直取通城、崇阳，出击粤汉路，向武昌推进。一切就绪后，各部按计划于8月18日进入阵地。19日，北伐二期战役打响。

平江是吴佩孚用来阻止南军北上第一防线的重点，素有“平江失、则岳阳不保，武汉亦危”之说。8月19日拂晓，第四军开始向平江发起攻击。左翼，第十二师三十五团及炮兵营担任佯攻，牵制敌人在鲁肃山、审思岭的兵力。中路，叶挺独立团从左，三十六团从右，两路进攻平江。右翼，陈铭枢率第十师进攻淡江、中洞之敌，向平江作迂回攻击。9时左右，三十六团在当地农民帮助下，进至平江北门占领画桥以东一带高地。叶挺独立团搜索前进至狮子岩附近后，一部向审思岭侧翼之敌攻击，一部向平江攻击前进，三十六团正面进攻受阻后，团长黄琪翔亲率部队直扑敌阵，敌始全线动摇，溃退入城。北伐军随后跟进，与敌在城中展开激战，城内残敌被消灭。北伐军占领平江，突破汨罗江防线后，乘胜向北追击。8月22日攻占岳州，北伐战场推进到湖北境内。

吴佩孚

8月21日，也就是北伐军攻下岳阳的前一天，还在南口指挥作战的吴佩孚接到岳阳守军十万火急的电报，吴知湖北危殆，于是不再耽搁，他命齐燮元驻长辛店处理一切，自己则亲率陈德麟、刘玉春所部星夜南下，25日抵汉口，才下车即获知岳阳已落入北伐军之手。吴佩孚大为震怒，立即召开紧急军事会议，重新布防，宣布以刘玉春为联军第八军总司令，调集精锐宋大霈、董政国、孙建业、陈嘉谟各部2万多兵力死守汀泗桥。

汀泗桥镇为鄂南第一门户，位于武长铁路咸宁以南，是通往武汉的必经要隘。奉命攻打汀泗桥的北伐军为国民革命军第四军，这支部队从广东出发后，一路上士气高昂，该军的叶挺独立团，因将佐、士兵多为共产党员，更以“作战勇猛，身先士卒”著称。是役，第四军以该团和所部另一支劲旅第十二师第三十五团担任主攻，其他各部则从两翼配合。26日晨，战役打响。由于汀泗桥易守难攻，敌军凭借有利地形，配置猛烈火力，封锁了桥头阵地。北伐军苦战一天，连续冲锋十多次，未能突破。为赶在吴佩孚援军到达前拿下汀泗桥，第四军指挥部决定“不顾任何牺牲，当夜实行全线夜袭”。是夜，第四军第

汀泗桥战役缴获对方的枪支。

三十六团乘夜向敌据点发起偷袭，突破中央阵地并占领了若干据点。叶挺独立团则由一位当地农民做向导，攀山过岭，迂回到敌人后方。次日拂晓，第四军全线总攻击开始。叶挺团从敌人背后出其不意发起猛攻，正面部队乘势冲锋，夺占铁桥。在第四军将士各部奋勇冲杀下，汀泗桥守军遭分割围攻，扼守铁桥的守军不敢恋战，仓皇溃逃。第四军将士乘机攻占该桥，并对逃敌穷追猛打，又于当日一气攻占了军事重镇咸宁。

整个汀泗桥战役，自26日上午10时半三十五团在高猪山与敌军接火，到27日上午9时汀泗桥东南高地战斗胜利结束，前后仅用22个半小时时间。在攻打汀泗桥战役中国民革命军连战告捷，第四军打出了声威，也由此获得了“铁军”之美誉。

贺胜桥大败吴佩孚

汀泗桥败讯至，吴佩孚再也坐不住了，决定亲往前线督阵。贺胜

贺胜桥牺牲将士纪念碑。

桥为吴佩孚护卫武昌的最后一道关隘，为守住这一关隘，吴佩孚在贺胜桥共部署了 4 万人，架设大炮 60 多门，并在一切北伐军可能渗透的地方，布置大量障碍物、地雷和警戒分队，防御纵深达十余里。对守住这道屏障，吴佩孚信心十足，他向部下夸下海口："昔以汀泗桥一战而定鄂，今以贺胜桥一战而定天下。"

当吴佩孚在贺胜桥紧急布防时，北伐中路军第四、第七、第八军前方高级指挥官也已齐集咸宁，共商攻桥计划。会议决定：攻打贺胜桥的战役由李宗仁任总指挥，第四、第七军为攻桥主力，唐生智的第八军为总预备队，并调第八军的何键、夏斗寅部自嘉鱼渡江，绕攻汉口、汉阳，以抚"吴军之背"。计划既定，第四军奉命沿铁路前进，进逼贺胜桥正面，第七军则出咸宁东北，自王本立攻击贺胜桥以东地区。双方主力云集，准备倾全力作决胜的关键一搏。

30 日拂晓，总指挥李宗仁向第四、第七军同时下达了出击令，一场恶仗打响。李宗仁率陈可钰、张发奎、陈铭枢、夏威、胡宗铎众将领，亲临前线督战。国民革命军前沿官兵个个奋勇冲锋，"如万条毒蛇向敌人同时进袭"，敌方也恃险顽抗，重机枪山野炮乱施淫威，战场上

1926 年 9 月，广东革命军包围武昌，图为从汉口拍摄的炮火中的武昌郊区。

霎时成了一片火海。然而，敌人的火力封锁在北伐军将士的迅猛进攻下，失去了效力，直军的一、二道防线相继被突破。第四、第七军劲旅全力向贺胜桥敌军正面冲锋前进，其势锐不可当。敌阵动摇，败兵潮水般退向贺胜桥。吴佩孚亲上贺胜桥头督战，以机关枪、大刀队排列桥上，凡畏缩退却的，立被射杀。吴甚至手刃退却旅团长十数人，悬其头于电线柱上，以示有进无退。有主帅亲自督阵，直军抵抗复又顽强，机关枪扫射，疾如飙风骤雨。所赖北伐军将士士气极旺，喊杀连天，李宗仁等高级指挥官浴身火海，现场指挥。直军终不能支，士兵不顾大刀队阻遏，慌不择路，落水而逃，一时河中尸体塞流。数万名兵士因后退无路，被迫向大刀队作反冲锋。吴佩孚见大势已去，夺路乘火车逃离，数千兵士不及避开，被火车轧死。主帅既遁，敌军溃败更速。北伐将士乘敌混乱，冲过铁桥，于当日 12 时攻占贺胜桥阵地。

打赢武汉攻城战

摧毁了重兵把守的贺胜桥要塞后，武汉已是门户洞开。退守武汉

长沙军民欢送蒋介石（左侧白衣者）率部出征。

的吴佩孚，虽失其精锐，但并不甘失败，决定坚守武汉。8 月 31 日，吴佩孚召开紧急军事会议，会议决定放弃华北的保定，把田维勤、王为蔚、魏益三的部队调回武汉；任命靳云鹗为“讨贼”联军副总司令；把鄂军将领刘佐龙提升为湖北省省长。会议还任命湖北督理兼第二十五师师长陈嘉谟为武汉防御司令；陆军第八师师长刘玉春为武昌守备军总司令；靳部师长高汝桐为汉阳、汉口守备军总司令。吴命令南下各师驻防广水、花园一线，重点防守蛇山、龟山、江汉水面。

吴军的部署还没有完成，北伐军就已来到武昌城下。9 月 2 日，北伐军高级将领会议也在前敌总指挥部所在的余家湾车站召开。会上分析了当时敌我军事形势，认为攻取武汉“贵在速决”，不宜拖延。会议决定第四军，第一军第二师，第七军第二路负责主攻武昌；第八军负责进攻汉阳、汉口，进出武胜关，截断其南下增援；第四军第十二师作为总预备队。次日，攻城即开始。不过，武昌城垣高而坚，护城壕沟又水深没顶，加上守城敌军已有准备，闭城死守，抵抗顽强，北伐军将士虽奋勇拼搏，前仆后继，但伤亡极其严重，城垣一时难下。

以黄埔军校炮兵科学生为骨干组成的国民革命军总司令部炮兵团在武昌洪山阵地上。

邓演达（右）和苏联顾问铁罗尼（左）在武昌阵地上。

武昌攻城，北伐军进入战壕准备战斗。

设在洪山寺的北伐军攻城司令部，地上放的是攻城云梯。

中華民國十五年十月十日　大公報　陰歷丙寅年九月初四日

武昌前日開城

△辛亥首都暫脫戰禍

北京電話據漢口電、武昌已於八日下午四時開城、先是南軍提出最後條件、限八日四時答覆、屆時北軍答覆承諾、不和逢成、其三條件、（一）付北軍餉二十萬元、（二）所有陳劉部隊、由劉佐龍改編、（三）担保北軍軍官及其眷屬生命財產之安全、

另據交通界所得八日下午三時武昌電云、北軍將領等已安全出城、北軍是日晚在青山露宿一夜、九日即開往鄂城改編、所有武昌城內秩序、暫由警察維持、

九江失守不確

北京電話、九江失守說、昨已證明不確、據某方所接八日下午二時四十分上海電稱、九江昭落之說、本係某通信社傳出、謂英領事署、曾接軍艦報告、但英領署已切實否認、又九日下午英使館接九江無線電仍稱九江無事、南潯北段、已無南軍蹤跡、又直魯當局、前日聞訊後、曾電九江總司令部詢問、八號夜得覆電、謂並無其事云、東方社消息、某方接八日上海電稱、據確報九江截至八日晨未發生意外、昭落說不可信、

九江孫軍運兵光景

〈本報九江特派員攝〉

孫蔣和議急進

▲盛傳雙方俱退兵

▲南昌狀態極混亂

孫軍自克復德安後與南軍和議、突然急進

……孫傳芳已由潯乘輪東下、所部軍隊、……雙方和議有已妥協之訊、孫軍自贛撤……均已疲乏……和議之絕好……

孫蔣戰略評

褚玉璞入京

《大公报》有关武昌开城的报道。

北伐军攻克武昌。守卫武昌城的陈嘉谟与刘玉春成为阶下囚。

9月3日，北伐军总司令蒋介石也乘专车来到前线，任命李宗仁任攻城总司令，组织第二次攻城。这次攻城担任强攻的为第一线部队有“铁军”之称的张发奎部。该部将士在受命后，依攻城计划，纷纷成立了“奋勇队”“敢死队”。当时士气特别旺盛，几乎每个官兵都争先争取参加这个光荣队伍。很多士兵留下了遗书，表示为打倒帝国主义和封建军阀而战，虽死犹荣。攻城开始后，北伐军将士把生死置之度外，他们冒着炮火，带着竹梯、斧子等开城工具进入攻击位置，由于侦察不力，敌情不详，当各路奋勇队强行登城时，有的陷于敌军火阵，有的受阻于敌人强大火力，有的因登城的梯子太短，无法登上城墙，“我们的士兵不顾死活去放好梯子，好几张梯子已经竖起来，几十个士兵正在往上爬，他们完全被敌人的枪子、炸弹杀死了，我们后面的队伍开到前面拼命同他们奋斗，在机关枪和炮弹的火力之下，死伤大半”。攻城依然未能奏功。

由于伤亡太重，几次攻城不克，为减少损失，攻城总司令部决定改硬攻为长期围困，待敌弹尽粮绝后，再行夺城。正当部署围城之际，江西传来了孙传芳部西犯的消息。蒋介石檄调李宗仁的第七军离鄂赴赣增援。于是李将围城之任务交第四军负责。而此时武昌城内之

国民革命军光复后之武昌城。

10 月 10 日，北伐军攻克武昌。图为武汉军民联欢大会。

武汉各界欢迎国民革命军。

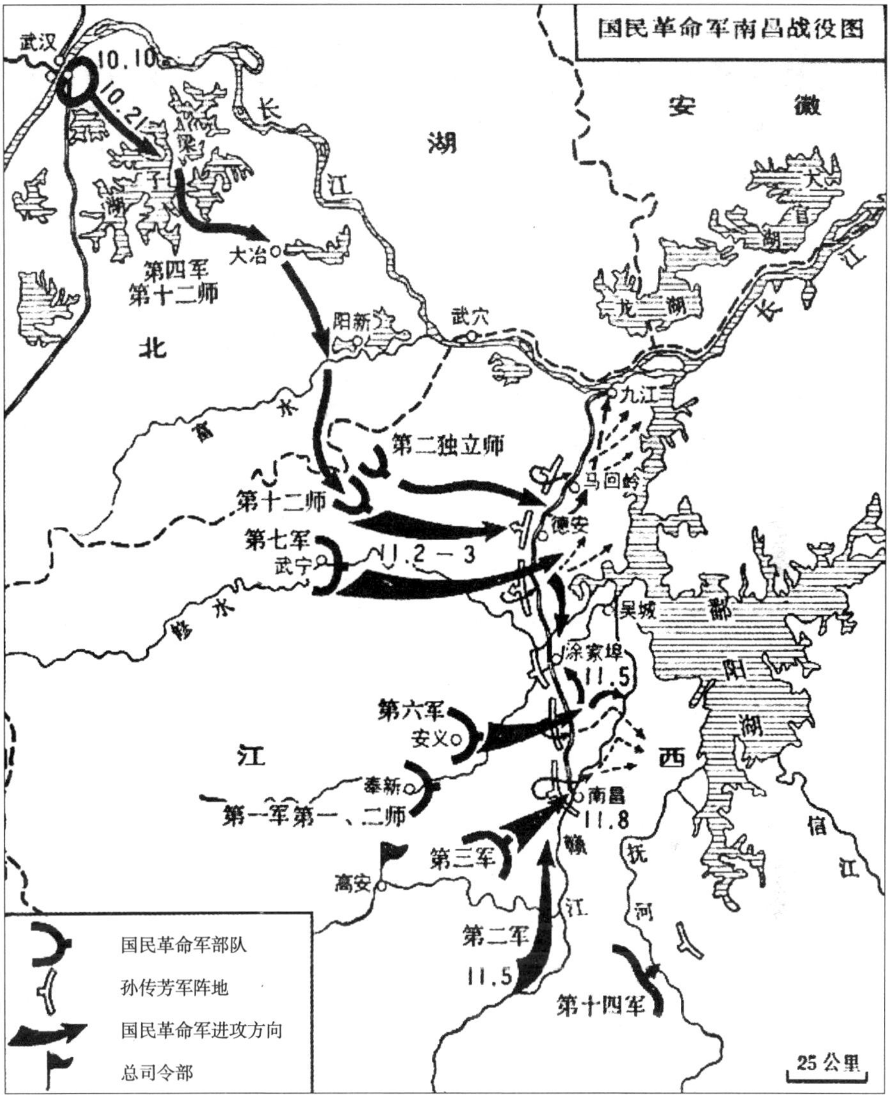
国民革命军南昌战役图
武汉
10.10
10.21
梁子湖
长江
湖北
安徽
大冶
第四军
第十二师
阳新
武穴
大官湖
龙湖
九江
第二独立师
马回岭
第十二师
德安
第七军
武宁
11.2－3
修水
吴城
鄱阳湖
涂家埠
11.5
第六军
安义
江西
奉新
南昌
11.8
第一军第一、二师
第三军
高安
赣江
抚河
信江
第二军
11.5
第十四军
国民革命军部队
孙传芳军阵地
国民革命军进攻方向
总司令部
25公里

国民革命军南昌战役图

敌也因长江下游交通被北伐军切断，给养面临困境，“士兵每日只吃两餐什两稀粥。死亡枕藉，无计可施”。城内居民更是只能靠糠麸、草根、树皮、芭蕉心等充饥，饿得瘦骨嶙峋，加上饮用水不洁，不断有人死亡。10月初，守敌已无法坚持，曾多次组织突围，均告失败。10月6、7日，守军开始派人与北伐军谈判开城投降事宜。双方商定吴军撤出武昌，接受北伐军改编。但吴军守城主将刘玉春拒绝在改编时交出武器，于是谈判破裂。此时守城敌军内部军心已全面动摇，第三师师长吴俊卿、团长贺对庭开始单独与北伐军议降，并约定10月9日晚打开城门，里应外合。10月10日，北伐军对武昌发起总攻，北伐各军分别从保安门、中和门、宾阳门、通湘门相继进入武昌，顽抗敌军因长期饥饿，已毫无战斗力，在经过督军署、学兵营、省长公署等处的巷战后，纷纷投降，主将刘玉春拒绝放下武器，率一千余人顽抗，结果被独立团全歼，刘本人也被活捉。

四十天围城战，北伐军歼敌军两万余，自身也付出了巨大的代价，北伐军将士的生命和鲜血，换来了武汉攻城战的胜利。自武汉克复后，吴佩孚率余部退入河南，且已绝无力量再起。北伐出师时不过三月，国民革命就从珠江流域推进到长江流域，中外为之震惊。

二、江西、福建底定

北伐军入赣作战

江西省因赣江流经其地，故简称赣省。该省东接浙、闽，西界湖南，南连广东，北接鄂、皖，素有“粤户闽庭”之称，战略地位十分重要。按照北伐军二期作战方略，两湖为主战场，对赣则暂取守势，不主动出兵，以免应付不灵。因此，当北伐军在两湖与吴佩孚主力作战时，吴曾檄调孙传芳入湘应援，但孙传芳其时正打着“壁上观”的主意，企图坐收渔翁之利。不料，北伐雄师长驱北进，两湖传檄而定，孙这时方如梦初醒，急调主力防守江西，然而，不待敌动，北伐军已先发制人，在两湖大局初定后，便提前启动了占领赣、皖、苏、浙、闽以消灭孙传芳的计划。

第一版

南昌情況不明

東方社九江二十日電云、自昨夜起、與南昌交通杜絕、同時電話不通、相傳盧香亭在南昌對岸布置砲列、有多兵……入南昌、其爲鄧如琢部敗兵抑爲南軍眞相不明、又電、鄭俊彥軍二十日到潯卽轉赴前線、南昌聯軍總司令部、起突然火、燒失、原因不明、須待……報、或謂南軍所爲、九江方面、盛傳南軍已入南昌、因無確……、眞相不明、南昌緊急、省長盛傳二十日可來潯、在贛軍要人、陸續將其家族遷至安全地……又十九日電、南潯路自十八日以來因運兵之故、客車不通、南昌以……之贛軍截至十九日、似尚無何等激戰模樣、或疑其無戰意而與南軍……協、

盧香亭

聯軍更向前線……

第一次南昌战役报道。

传芳的计划。

对于北伐军来说，赶在孙军在江西布置完毕之前占领江西，对于此后消灭孙传芳的战争会有很大的帮助。9月，北伐军已攻至武昌城下，打败吴佩孚已成定局，蒋介石见战机来临，即以肃清两湖之敌责付于唐生智等人，自己则返回第二、第三军集中的醴陵，部署对赣作战。9月5日，原本担任对赣警戒任务的第二、第三军以及担任总预备队的第六军由朱培德担任总指挥，发起了对江西孙传芳军队的进攻，9月6日，第二、第三军占领萍乡。7日，新近归附北伐军的赖世璜部及第二军第五师谭道源部收复赣州。11日，第六军占领修水。此时孙传芳的精锐，浙军卢香亭第二师、周凤歧第三师和苏军郑俊彦第十师才刚到达赣北的九江。在胜利的鼓舞下，蒋介石急匆匆地于12日电令朱培德快速进军，督其尽快拿下南昌。

19日，北伐军第六军及第一军第一师乘南昌城内空虚，一举占领南昌。由于孙传芳主力未被歼灭，南浔铁路也未曾切断，致使孙军可以从容沿铁路增兵。结果，孙军增援大军一到，北伐军面临南

大公報　中華民國十五年十月十五日　（第二版）

又傳南昌不守
▲鄧俊彥十二日離南昌

國聞通信社云、南昌危急情形、已迭誌各報、茲聞昨日某方面接九江電訊稱、南昌自南軍增援猛攻後、鄧俊彥部因連日激戰、疲勞已極、支持不住、業於十二日下午退出南昌、因孫軍南潯路截斷不能通過、一部由水路退往九江、另一部因運輸不及向贛東退却、南昌情勢甚爲混亂云、

蔣軍占黃梅
△王普軍隊退歸皖境

東方社九江十三日電云、駐湖北廣濟一帶之贛軍、受優勢南軍之壓迫、敗退安徽省境、南軍占領黃梅、田家鎮及武穴方面、尚未有戰事、

又北京正言通信社云、黨軍李宗仁之桂軍、實擾南潯路、進攻南昌、同時張發奎之粵軍、十一日晚猛撲涂家埠、與盧香亭相持一晝夜、聯軍不支、孫傳芳飛檄建昌之第六軍顏景崇率向德安退却、孫傳……乃往救援、蔣介石亦派李濟琛部援張發奎、又十一日李宗仁之主力軍、進襲黃梅、皖軍副司令王普令所部下激戰數小時、皖軍不支、退出鄂境、折回安徽之宿松、按黃梅在長江北岸、距九江不過九十里、黨軍一面可以渡江進逼九江、一面可以東窺宿松、因是九江防務、有前後夾攻之虞、而安徽亦大爲震動也、

王普

孫傳芳已提和欵

國聞社十四日上午十二時二分上海電、蔣尊簋來電、孫（傳芳）已擬和平條件數項提出討論、武漢方面、業有表示、惟蔣（介石）方尚未切實協商、擬赴高安面蔣云云、（十六日）

又中美社云、某方消息、孫傳芳因兵連禍結、徒使生靈塗炭、竭力主張議和、其與蔣介石進行之和議已有端倪、是以雙方之條件可望妥協、孫氏對於蔣所主張方本仁主持贛事之提議、已表容納云、

東南北方局勢（韋人）

第二次南昌战役报道。

北夹攻的威胁，在据守三日遭到惨重伤亡后，被迫撤出，南昌再陷敌手。

与此同时，从两湖奉调入赣的李宗仁第七军，在入赣后不久就取得了歼灭孙传芳精锐部队谢鸿勋师部的大胜。李部是9月中旬由武昌出发，经鄂城入赣。入赣后不久，李部即在寻找友军时遭遇孙军谢鸿勋师，于是当机立断，主动出击，与谢军在箬溪展开激战，将敌击败，敌方主将谢鸿勋负重伤，逃脱后在上海死去。箬溪之战后，第七军又乘胜挺进南浔路，攻打南浔重镇德安。德安位于南浔铁路中段，守军为孙部主力卢香亭师，另有其他部队，总计兵力有三万余人。第七军将士经激战，在付出了两千多人伤亡的代价后，将德安之敌消灭。德安的攻克切断了孙军在南昌与九江间的联络，对后来的战局影响重大。此后，第七军又与友军第六军联合，在赣北王家铺与孙军陈调元、王普部大战一场，将敌击溃，取得三战三捷的大胜。

北伐军的兵车由江西德安车站开赴前线，大批农民支援北伐军作战。

由于生力军的加入和江西战局扭转，蒋介石决定亲自率领第一、第二、第三军，第二次进攻南昌，从10月5日开始，三个军开始向南昌靠拢，集兵达两三万人。10月11日，北伐军第二次攻城开始。蒋介石、白崇禧、加伦和鲍罗廷亲临城下指挥。不过，当日晚间，江西联军总司令邓如琢组织敢死队，从南昌城下的水闸偷偷潜出，躲开了北伐军的监视哨，摸到阵前，呐喊着杀入阵中。北伐军攻城部队背水列阵，军中秩序大乱。城中孙军趁机全数杀出，北伐军战败撤退，第二次攻打南昌又告败。

南昌的失利使蒋介石冷静了下来。10月14日，他通知各军暂取守势，主力集结于南浔路以西地区整顿，同时急调攻克了武昌的第四军迅速入赣，以增强实力，并积极为第三次攻城做准备。

夺取南昌肃清赣北

孙传芳在南昌失而复得后，设司令部于九江，亲自督战指挥，除将主力部队集结在南浔路一线外，又制定了兵分三路进攻北伐军的计划。而北伐军也在第四、第七军两主力入赣后，调整了作战方针，总

北伐军占领南昌的德胜门。

司令部趁热打铁，一鼓作气拟定了《肃清江西计划》，入赣作战的北伐各军在指挥系统上也作了调整。第四军和新收编而成的贺耀组部湘军独立第二师统归李宗仁指挥，充作江西战场左翼，担任肃清赣北的任务。第三军则在西山万寿宫附近取攻势防御。南线以第二军主力横渡赣水，由清江北上丰城；以第二军一部协同第十四军向吉水、永丰、抚州方向进击，目的是对南昌进行包围。

11 月 1 日，江西战场总攻开始。按既定部署，李宗仁将其统领的左翼军分为两部，以一部牵制建昌、涂家埠之敌，自己率作为主力的另一部再克德安，继攻马迴岭、孤山，并于 4 日晚攻占了九江。嗣后，李宗仁所率的左翼军又与孙军南浔主力在德安以南的九仙岭展开激烈争夺，获胜后与第六军、第一军第一师会师涂家埠。这时，在赣孙军已为强弩之末。11 月 8 日，北伐军第三次攻打南昌。此次攻打南昌，北伐军总部作了周密部署，“以第四、第七两军和第二独立师集结于南昌西北的安义地区，由李宗仁指挥，牵制牛行之敌；第二、第十四军主力，分别集结于三江口、进贤地区，由鲁涤平指挥，向南昌城靠拢；第八军第三师及第十五军一部，集结于广济地区，牵制九江

南昌攻克后，江西战事结束。国民革命军为在战斗中牺牲的黄埔军校朝鲜籍学生举行葬礼。

之敌；第一军为总预备队”。11 月 7 日，南昌城内的孙传芳残部已被北伐军团团围住，迫于北伐军的强大军事压力，敌军只得乞降。孙传芳见败局无可挽回，先行逃往南京。8 日，北伐军克复南昌。

南昌克复后，北伐各军奉命追敌。担任肃清赣北任务李宗仁的左翼军，在徐槎、马口两地截敌，俘获近三万，包括敌军长王良田、李彦青、杨赓和以下各级官佐数百人，枪械不计其数。至此，赣境残敌全部扫清。北伐军在江西战场的胜利，从根本上动摇了孙传芳对东南五省的统治。北军已成惊弓之鸟，南军更是所向披靡。

平定闽局

北伐军出动之初，因与孙传芳约定互不侵犯，对福建“暂取守势，而固边圉”。孙传芳也佯装“中立”，但私下却让福建督军周荫人由闽扰粤。其意盖胜则据为己功，败则归罪周氏。对此，国民政府也有准备。一北一南，彼此都在静观江西战局的变化，以决定自己的应变策略。至北伐军入赣作战，闽军也有出动攻粤的迹象。何

顺利攻克福建后，北伐军分成东路军、中央军、西路军和总预备队分别进攻浙江、江苏和安徽。图为 1927 年 1 月 27 日，福州各界欢送东路军出发大会。

应钦则迭次致电蒋介石，请求开辟福建战场。由于何所率之第一军，能够入闽作战的军力只有第三、第十四师和一个独立团，不到一万人。鉴于实力悬殊，蒋介石最初给何的命令是采取守势，但何已经看到了周荫人部的弱点，如果处处设防，则处处兵力薄弱，如果集中兵力主动出击，或许还有胜算。于是决意主动出击，以占领战略先机。

1926 年 10 月上旬，何应钦率部入闽，将首攻目标指向闽粤交通要道及闽军总司令部所在地永定。永定只有守军 1000 人，何以第三师进攻永定，而以第十四师阻截周的增援部队。10 月 10 日，各部在永定、大埔，以及平和、饶平间开始攻击，将周军在永定附近击败，周荫人内外交困，弃守先逃，永定为革命军占领。16 日，东征军再克同安。随后，革命军又以优势兵力回师攻打松口之敌主力，经过激战，取得了歼敌主力的胜利。永定、松口之役，是北伐军入闽后的关键两战，何应钦指挥部队大胆迂回，先打掉孙军首脑中枢，后回师围歼其主力，其战术运用之灵活，且以少击多，在北伐军史上被誉为经典。为此，蒋介石给何发去贺电，称赞“松口大胜，无限欣慰。吾兄指挥若定重为党军增光”。11 月 8 日，国民革命军集结在闽作战部队，一举攻下漳州，打开了通往福州的门户。

何应钦所率入闽部队人数并不多，之所以能在福建迅速取胜，得闽省民军的策应是一个主要原因，福建督军周荫人在闽统治以“暴政”出名，搞得天怒人怨，闽省民众早就盼望北伐军的来临，闻“义师”出动，各地民军蜂起，牵制闽军后方，诚如报章所言，“福建内地，民军蜂起，到处扰乱敌之后方，破坏敌之交通，袭击敌之辎重，使其首尾不能兼顾，其败必矣”。此外，自何应钦东征部队入闽后，敌方阵营多是不战自溃，倒戈、反正络绎不绝。先是闽军曹万顺、杜起云宣布起义，被编为国民革命军第七十军。11 月东征部队挺进漳州时，又有福建海军宣布起义，并炮击退入福州的北洋军。12 月 2 日，福建省防军司令李生春也宣布愿意服从国民政府，福州不守，何应钦率北伐军顺利进入福州，周荫人退至延平，复为民军所击，无可立足，最后不得不率残部向浙江边界逃窜。至是福建大部已入革命军范围。何应钦在永泰方面，将收编军队事宜完妥后，于 18 日入福州，组织临时省政府。至此，福建全省遂告平定。

三、收复东南

东路军进略江浙

北伐军在取得江西、闽南作战的胜利后，伤亡很大，亟待补充，而此时国民革命军总司令部对孙传芳在安徽的情况和皖军对孙的态度

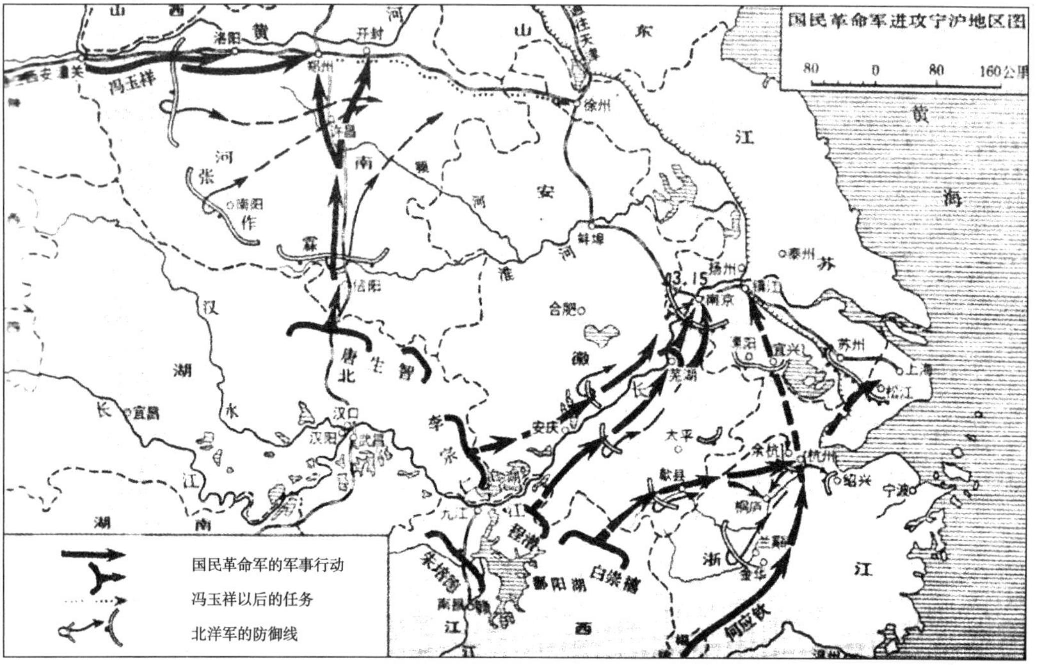

国民革命军进攻宁沪地区图

不甚明了，是否继续向安徽、江苏进军尚存争议。1926年11月8日，蒋介石向苏联顾问加伦提出了向长江下游进攻的问题，加伦认为“现在不是时候”。他建议“利用夏超、周凤岐占领浙江，使江苏、安徽成为缓冲地”，甚至与共产党人一同主张对浙江采取“半武力夺取”的政策，以期实现浙江独立。不过，此议后，夏超在浙省的自治运动被孙传芳镇压，议案也因此作罢。在蒋介石坚持下，“向长江下游进军”成为北伐下一步的主要作战目标。

1927年1月，蒋介石在南昌召开军务善后会议，制定了“肃清长江下游，略取浙沪，会攻南京”的战略思想和作战计划，具体部署“以主力由赣东、闽北入浙，进攻杭沪，并各以一部分由长江南北，进取皖南及皖西，对京汉线方面，另以一部由鄂东进入赣南，以牵制河南及皖北方面，策应长江下游主力之作战，并电西北军由陇海路进击洛阳、郑州，与我豫南部队呼应，相机击破吴佩孚之主力，以利而后之作战”。为了实施作战计划，北伐军被重新组编为东路军、中路军和西路军三个作战序列：东路军，总指挥何应钦，前敌总指挥白崇禧，下辖第一、第十四、第十七、第十九、第二十六等军，分六个纵队，由闽、赣分途入浙作战；中路军，总指挥蒋介石兼任，下分江左军、江右军两路。江左军总指挥李宗仁，下辖第七、第十、第三十三军三个纵队，沿长江左岸，由安庆出合肥、蚌埠；江右军总指挥程潜，下辖第二、第六军及独立第二师等三个纵队，由赣东北进取南京；西路军，总指挥唐生智，下辖第四、第八、第十一、第十五军等四个纵队，主力集中于鄂北及京汉路南段，驻守两湖，同时牵制河南方面之敌；另以朱培德第三军为总预备队，朱兼指挥官。主力集中于南昌，一部集中于九江附近，策应全局。

北伐军在赣与孙军作战时，浙江省省长夏超以浙省“和平”相号召，乘孙军卢香亭部奉调入赣作战，于10月16日在杭州宣布脱离孙传芳统治，实行地方自治，并就任北伐军第十八军军长职。浙变发生后，孙传芳为戡定浙局，电令上海淞沪警备司令宋梅村和江苏孟昭月旅迅速入浙镇压，夏超战败被捕，遭处决。孙传芳重新任命浙军第一师师长陈仪担任省长，以孟昭月为浙江总司令。但这时的陈仪和同为浙省籍军人的浙军第三师师长的周凤岐早与北伐军方面暗通款曲。此消息被孙传芳得知后，为防浙江尽失，孙密令孟昭月将陈仪拘捕，并将其驻杭部队缴械。未被缴械的陈部，则退守绍兴、宁波一带，正式宣布加入了国民革命军。于是，浙军第三师师长周凤岐在赴衢州视察防务时，也发出了起义通电，并宣布就任国民革命军第二十六军军长，并率所部向富阳推进，对杭州孙军警戒并掩护东路军主力入浙。

浙省军人的相继反正，为北伐进军江浙提供了极好的战机。不过，为稳住阵脚，新被孙传芳委为浙江总司令的孟昭月亲率三个师，前往富阳镇压，与周凤岐部接触于杭富公路的梵村站。孟的另外一部则越过钱塘江，进攻第十九军陈仪余部；自福建败退浙江的周荫人也率其残部从处州进驻金华策应。富阳处于孙军的包围之中，有被全部消灭的危险。而此时的北伐东路军总指挥何应钦却因部署福建扫尾，不能马上北上。蒋介石于是急命白崇禧成立东路军前敌总指挥部，并以白为前敌总指挥。白崇禧骁勇善战，且足智多谋，就任前敌总指挥后，决定不待由闽入浙部队集结，转守为攻。1 月 30 日，白崇禧率部入浙，长驱直下。2 月 3 日即攻占桐庐，适逢孟昭月部与由闽退来的周荫人部自相冲突，而孙之部将白宝山、冯绍闵又不愿逆战，故革命军节节进展，桐庐、富阳相继克复，孟昭月于 17 日退出杭州。不久，五省联军总司令孙传芳的发祥地——杭州也被克复。杭州一下，江南一带大为震动，东路军乘胜向上海挺进。而这时福建也已平定，在闽部队纷纷开赴浙江，何应钦亦于 22 日抵杭，所部则奉命向吴兴进发，进入江苏省界内。

中路军兵分两路攻占长江下游

浙江战事进展十分顺利，东路军仅用二十来天的时间就占领了整个浙江。2 月 25 日，东路军在杭州召开军事会议，制定攻取沪、宁和占领苏、皖的作战计划，决定以东路军第一、二、三各纵队沿沪杭线进攻上海；以第四、五、六各纵队及拨归东路军指挥的中路军第二军，自浙江长兴进入江苏，攻取常州、丹阳；再以一部东攻无锡、苏州，然后与江右军会攻南京。

北伐军要进攻南京，就必须首先攻占皖南。而皖南作战主要由中路军之程潜率领的江右军负责。根据当时的形势，江右军总指挥部作如下部署：以第六军之第十七师师长杨杰部为左纵队，西沿长江右岸，向芜湖、南京攻击前进；以第六军第十九师杨源浚部为中央纵队，与左纵队联系，向芜湖、南京攻击前进；以第二军为右纵队，经石埭、高淳、溧水，向南京攻击前进，与中央纵队取得联系。正在北伐军紧锣密鼓地部署作战计划时，安徽敌军军心早就动摇，大军一出动，孙传芳部刘宝题师即在徽州起义，不久后，安徽省长陈调元也宣布改旗易帜，在芜湖就任国民革命军第三十七军军长兼北路总指挥。随后，防守皖南的王普、叶开鑫也相继宣布反正，加入国民革命军阵营，并分别就任了革命军第二十七军军长及新编第五军军长等职。至此，长江北岸重镇安庆及皖南大片地区不战而定。程潜率部沿江右而东，进取金陵。

在江右军出动时，中路军之另一部——以李宗仁为总指挥的江左军，也开始由鄂东地区向安庆方向进发，沿长江左岸东下，一路也没有遭遇敌军顽强抵抗，三月初进驻安庆，并很快控制了津浦线南段及六安、合肥等地。作战至此，形势渐渐明朗起来，南京已处于北伐军三面包围之中，攻克指日可待。孙传芳余部主力集中于苏北运河两侧的高邮、如皋等地，同时南京由直鲁军第六军军长褚玉璞负责守卫；北伐军

江右军攻占雨花台。

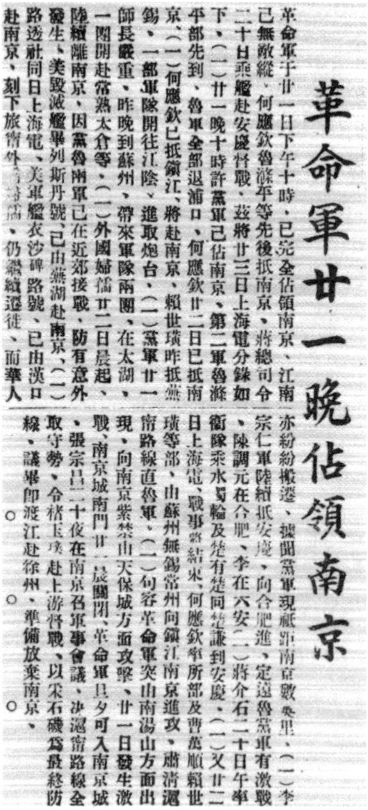

革命軍廿一晚佔領南京

革命軍于廿一日下午十時、已完全佔領南京、江南已無敵蹤、何應欽魯滌平等先後抵南京、蔣總司令二十日乘艦赴安慶督戰、茲將廿三日上海電分錄如下、(一)廿一晚十時許黨軍已佔南京、第二軍魯滌平部先到、魯軍全部退浦口、何應欽廿二日已抵南京、(一)何應欽已抵鎮江、將赴南京、賴世璜昨抵無錫、一部軍隊開往江陰、進取炮台、(一)黨軍廿一師長嚴重、昨晚到蘇州、帶來軍隊兩團、在太湖、一團開赴常熟太倉等、(一)外國婦孺廿二日晨起、陸續離南京、因黨魯兩軍已在近郊接戰、防有意外發生、美毀滅艦畢列斯丹號、已由蕪湖赴南京、(一)路透社同日上海電、美軍艦衣沙碑路號、已由漢口赴南京、刻下旅甯外僑婦孺、仍繼續遷徙、而華人亦紛紛搬遷、據聞黨軍現祇距南京數英里、(一)李宗仁軍陸續抵安慶、向合肥進、定遠魯黨軍有激戰、陳調元在合肥、李在六安(一)蔣介石二十日午率衛隊乘水蜀輪及楚有楚同楚謙到安慶、(一)又廿二日上海電、戰事將結束、何應欽率所部及曹萬順賴世璜等部、由蘇州無錫常州向鎮江南京進攻、肅清滬甯路線直魯軍、(一)句容革命軍突由南湯山方面出現、向南京紫禁山天保城方面攻擊、廿一日發生激戰、南京城南門廿二晨關閉、革命軍旦夕可入南京城、張宗昌二十夜在南京召軍事會議、決滬甯路線全取守勢、令褚玉璞赴上游督戰、以宋石磯為最終防綫、議畢即渡江赴徐州、準備放棄南京、

○ ○ ○

1927 年 3 月 9 日，汉口《民国日报》关于北伐军包围淞沪东南之军事形势的报道。

南京之被俘直鲁军。

江右军克复南京后通过长干桥。

方面会攻南京的任务则主要由东路军和江右军来担任，其中江右军为攻打南京城的主力。江左军则从战略上牵制江北敌军，策应南京方面作战。

3月20日，程潜命令各部，向南京外围各据点发起总攻。江右军各路官兵如冲开闸门的洪水奔腾而出，三面包抄涌向南京。21日，贺耀祖部攻克秣陵关、陶吴镇。同日，一纵队和二纵队分别攻占江宁镇和龙都镇。22日，二纵队占领淳化，随后南京城郊的将军山、牛首山一线也被一纵队和三纵队攻占。此时，东路军也到达镇江。北伐三路大军兵临南京城下。23日，攻城开始。第二纵队第二军进迫中山门、光华门；第三纵队向武定门、通济门进攻；第一纵队占领雨花台要塞后，威胁中华门。而东路军的先头部队也于此时抵达栖霞一带。守城敌军无心再战。据《申报》报道，北伐军攻城时，"城内守军千余人，皆丢弃武器，脱去军服，落荒而逃"。尤其在北伐军一部由通济门攻入城中后，褚玉璞这位身先士卒、曾手舞大片刀、赤膊冲锋在前的猛将，也不敢再进行抵抗，褚部决定放弃南京，撤去江北。于是，直鲁军败兵分向浦口蜂拥，从下关抢渡过江时，因遭截击，落水溺毙的官兵不计其数。

3月24日北伐军大举入城，因城中秩序紊乱，外国领馆和侨民遭乱兵抢劫，造成英美人士数人伤亡，领馆财产被掠。事发后，英、美两国以"护侨"为借口，命令停泊在下关江面的军舰炮击南京，是为"南京事件"，也称"宁案"。宁案发生次日，北伐军总司令蒋介石乘"楚同"舰抵达南京，声称此案系"共产党徒煽动一部分军队及地方流氓所为"，下令立即由最高军部派兵分赴弹压。北伐军攻破南京的胜利笼罩在浓重的阴霾中。

上海工人武装起义

上海是江浙一带最重要、最繁华的大都市，也是北伐东南作战志

告上海市民書

親愛的上海市民諸君：

直系軍閥孫傳芳的末日快到了，你們應該起來參取政權了！

自從孫傳芳及其走狗丁文江統治上海以來，摧殘閘北自治，新增宅地紙煙百貨等苛稅雜捐，以重最近搜刮[illegible]軍餉，商民負擔，置若罔聞；結帳以成[illegible]！今市民集會之自由，最近竟至受英國帝國主義之指使，逮捕反抗英艦慘案的各團體代表十餘人，封禁全國學生總會；現在孫傳芳的走狗丁文江，又要執行居民五保聯保的連坐法令，縱令市民如同盜匪；上海的市民不能再忍了！

上海市民諸君！ 你們應該馬上丟棄在軍閥專制之下能夠得到和平的幻想！你們應該馬上停止為孫傳芳維持勢力的和平運動！ 你們要得到真正和平，只有一條路，即是市民自己武裝起來，驅逐孫傳芳的駐防軍，由市民取得政權，反抗一切軍閥的政權，上海市內永遠沒有軍閥的駐防軍。

推翻直系軍閥孫傳芳在上海的政權，預防奉系軍閥竊據上海的政權，這是上海市民目前唯一的責任。

上海的社會勢力無變化非常複雜，然而我們在這複雜變化的狀態中，可以找出一條聯繫的公共出路，使這些複雜變化的勢力都走向公共的路，這公路就是：「推翻一切軍閥政權，建立市民政權。」

此時全上海市的工人商人學生軍人及一切自由職業者，都應當聯合起來為「建立市民政權」而奮鬥。一切複雜變化的勢力，凡是求生存容納於市民政權之下的都是朋友，全國維持軍閥政權的乃是敵人。這就是擺在我們眼前一條極簡明的公路。

國民黨自然應該為推翻軍閥為市民政權而奮鬥。資產階級欲獲得政權，也只有站在市民這一邊，堅決的為推翻軍閥政權而奮鬥。我們并且不反對資產階級為市民而取得政權，而卻不能不反對他們為軍閥而取得政權。

直系軍閥孫傳芳及其走狗丁文江的末日快到了，上海市民速起！

市民武裝起來！

驅逐孫傳芳的駐防軍！

組織委員制的市民政府！

宣告市民集會結社言論出版罷工一切自由！

廢除一切苛稅苛捐！

召集市民會議！

中國共產黨上海區執行委員會 民國十五年十月二十日

1926 年 10 月 20 日中共上海区委发表告市民书号召推翻军阀统治。

在必得的最大目标。早在北伐兴师时，国民政府就不断派员秘密赴沪活动，钮永建，这位国民党资深革命家，即为蒋介石指派的中央驻沪特派员。钮到沪后，在暗中策划北洋政府的中央海军反正，只待时机到来，即行起事。不过，就上海来说，中国共产党的活动基础要比国民党大得多，不仅中共中央机关就在上海，而且上海为中国最大的对外通商口岸和工业城市，集聚了大量产业工人。中国共产党自成立后，即致力于工运，在上海很多工厂、码头都建立有自己的组织，并已成功地领导了数次罢工。受苏俄革命“十月革命”模式的启示，在中心城市组织“红色暴动”，建立革命政权对共产党而言顺理成章。在 1926 年 7 月召开的中共四届三中扩大执委会上，通过了《军事运动议决案》，内中强调，“本党是无产阶级革命的党，随时都须准备武装暴动的党，在民族革命的进程中，应该参加武装斗争的工作，助长进步的军事势力，摧毁反动的军阀势力，并渐次发展工农群众的武装势力”。据此，中共上海区委即积极开始了为迎接北伐军到来，组织上海工人武装起义的各项准备工作，并为此秘密组建起一支2000余人的工人纠察队。

10月上旬，北伐军攻克武昌，旋即把主力调往江西，随着孙传芳在江西连连失利，浙江省省长夏超率部在杭州宣布“起义”，并与广州国民政府驻沪代表钮永建秘密协定，拟率所部向上海开进，而上海则由钮永建利用海军起义力量，并由国共两党在上海组织发动工人响应起义，组织联合暴动，争取一举推翻孙传芳。为实现这一计划，国民党方面专门成立了江苏特务委员会，除钮永建之外，在沪国民党大佬吴稚晖、张静江等人也参与其间。上海商会会长虞洽卿及其商团力量、上海帮会首领黄金荣、杜月笙等，也都允诺参加起事。起义约定在10月24日拂晓前开始行动。

计划中的这次起义还未实施，即遭夭折。由于夏超兵败，起义总指挥钮永建以“准备未好”为由，中止了原先的计划，而中共方面的指挥罗亦农、赵世炎在得到这个消息的时候，已经接近了23日的午夜，一些参与举事的工人纠察队员在未接到停止行动通知的情况下，仍按计划出动，结果起义失败，工人领袖陶静轩、奚左尧等十余人被捕杀。

1927年2月，北伐军占领了杭州。孙传芳为保存实力，把自己的部队撤出上海，并让张宗昌的直鲁联军前来接防，这引发了上海市民的恐慌。中共上海区委认为举事时机已到，决定再次发动总罢工。鉴于第一起义“组织领导不统一”的教训，这次中共方面打算立足于自身，一方面“集中工人阶级的势力”，另一方面也是借此取得无产阶级的“政治领导地位，并夺取相当的武装”。于是策划由海军中的中共党员率先起义，以取得革命武装。19日凌晨，中共领导的上海工人大罢工开始，浪潮很快漫及上海各个区域。不过，这次由中共独立发动的举事，四天后即告失败。失败的原因，一是未得到上海商界的

1927 年闸北的工人武装。

工人武装在他们闸北的司令部中。

黨軍包圍淞滬東南之軍事形勢（述）

▲五路包抄上海＝＝滬逼南京＝＝孫軍全體潰散
＝＝蘇州已聞砲聲＝＝上海居民恐慌之一斑

上海特約通信

黨軍自克杭州後，即分兵五路直取江蘇。第一路由嘉善楓涇，向金山亭林前進，第二路由平湖嘉興路向石湖蕩松江進，第三路由嘉興三江澤平望進，第四路由長興向宜興蜀山進，第五路由長興泗安向溧陽、溧水進發直逼南京，現第二路前線，已越石湖蕩，包圍松江城，攻城者為薛岳所率之第一師第二路，在前線者為劉峙之第二師，二日晚七時已入平望，昨日吳江又被黨軍佔領，蘇州震動，今晨蘇州南門已聞礮聲，居民紛紛遷避，現前敵白總指揮，已由杭州進駐湖州，東路總司令何應欽亦由杭州進駐嘉興指揮作戰。第十四軍賴世璜、第二十六軍周鳳岐所部亦均出發前線，克復蘇常，截敵人歸路，實係時間問題。孫逆部隊，現已潰敗不能成軍，前線現均由魯軍接防。孟昭月已向孫逆提出辭職，其他白寶山、周蔭人等之殘餘部隊，亦均調至江北崇明海門一帶，暫候改編。孫逆在滬杭一帶之勢力，至此可謂消滅淨盡。至上海方面則仍一夕數驚，每晚至九十時即實行戒嚴，閘北南市均斷絕往來行人。奉魯軍紀律

1927 年 3 月 9 日，汉口《民国日报》关于北伐军包围淞沪东南之军事形势的报道。

配合，罢工起来后，学生工人曾贴出“商界同胞速起一致罢市”的标语，但总商会方面不予理睬。而更重要的还是军事行动的失利。2 月 22 日晚，停泊在高昌庙对岸的海军“建康”“建威”两舰悄然升火起航。凌晨 5 时 50 分，按照预定计划，由担任大副等职的中共地下党员所控制的舰只开始炮击高昌庙兵工厂和位于龙华的敌军司令部，结果却有两发炮弹打进了法租界，停泊在黄埔江上的法国军舰立即向“建康”和“建威”舰驶过来，发出严重警告，两舰被迫停止炮击。舰上舰员 24 人也被淞沪戒严司令李宝章逮捕。23 日，中共上海区委决定停止总罢工，第二次武装起义也告失败。由于中共单独起事，事前行动未让钮永建知晓，引起他对中共的强烈不信任，甚至声明“此事与国民党无关”。

第二次工人武装起义的告败，凸显了国共嫌隙和疑忌的加深。尽管两党在策动上海举事响应北伐上有联手的愿望，但毕竟各有怀抱。国民党方面要求掌握领导权，而中共则要对共产国际的远东局负责。后者提出在组织上海工人武装起义时，“必须组织无产阶级的独立行动”。不过，虽然已有两次失败，共产党方面还是开始了新的准备。

参加上海工人第三次武装起义的工人纠察队。

国民革命军攻克上海
之便衣敢死队。

1927年3月21日，上海工人阶级举行第三次武装起义，配合北伐军解放上海。图为参加上海总工会升旗典礼的工人武装纠察队。

1927年3月21日，陈独秀、周恩来、罗亦农、赵世炎领导了上海工人第三次武装起义，攻占上海。图为上海总工会内的指挥起义司令部。

上海邮务工人驱车前往闸北战斗。

第三次工人武装起义前上海工人学生和其他群众与北洋军警对峙情景。

1927 年 3 月 23 日，上海特别市临时市政府召开第一次执行委员常务会议时合影。右起，前排：汪寿华（共产党员）、杨杏佛、王晓籁、罗亦农（共产党员）、王景云、何洛；后排：王汉良、丁晓先、郑毓秀（女）、顾顺章（共产党员，后叛变）、侯绍裘（共产党员）、林钧（共产党员）。

中共中央和上海区委在第二次起义失败后的次日即召开了联席会议，决定成立党的特别委员会，下设特别军委，准备第三次发动时，承担起统一指挥军事的领导工作，其成员有周恩来、顾顺章、颜昌颐、赵世炎等。中共希望借第三次武装发动，将革命推向高潮，在众所瞩目的大都市上海“创造一个中国的巴黎公社”。

3 月中旬，南京城被北伐军包围，破城在即，国民革命军东路军兵锋已抵达距上海城区仅 15 公里的龙华，这时的共产党认为起义时机已经成熟。为迎接北伐军，在中共组织发动和领导下，第三次总同盟罢工和工人武装起义都在积极准备之中。而上海共产党领导下工人力量的增大，也已让其时准备与苏俄和共产党决裂的蒋介石感到了严重不安，为防止在北伐军兵临城下的时候，出现共产党领导工人起义而占领上海的局面，3 月 3 日，蒋从江西给何应钦发出密电，令“我军如攻上海，至龙华、南翔、吴淞之线为止，军队以不越此线为妥。闻某党有上海革命政府之组织，凡此类机关，应即勒令取消可也”。

攻克上海时所俘直鲁军士兵。

1927 年 3 月，国民革命军进入上海，市民庆祝北伐胜利情形。

预计北伐军将在20日至22日进抵上海，共产党将第三次发动的起义时间定在21日。是日中午南市的钟声响过，纱厂电车公司首先实行罢工，停泊在黄浦江上的轮船和全市工厂的汽笛同时长鸣，总同盟罢工开始。在周恩来、赵世炎等指挥下，工人纠察队率队首先向南市、虹口、浦东、吴淞、沪东、沪西等6个区的警署和兵营发起进攻，并取得胜利，只剩闸北区直鲁联军在顽强抵抗。沪东、沪西工人纠察队纷纷向闸北集中，进行支援。22日下午，该据点被工人纠察队拿下。经过30小时的激战，起义工人基本控制了除租界外的大部市区。是日晚，由工人和各界组成的上海市临时市政府在闸北巷战中诞生。3月23日，白崇禧率部开进上海。上海工人以流血的胜利迎来了北伐军的入城。

1927 年 4 月，南京国民政府成立。

中华民国国民政府印。

“四一二”政变，待处决犯被押往刑场。

第六章 政见分道：北伐一度中断

一、汉、浔对立形成

迁都之争

1926年9月，北伐军进至武汉三镇以后，国民政府迁出广州的问题，便提上了议事日程。最先提出"迁都"之议的是蒋介石，据蒋介石年谱记载，9月9日，他在武昌城未克之际致电谭延闿、张静江称："武昌克后，中正即须入赣督战，武汉为政治中心，务请政府常务委员，先来主持一切，应付大局。否则迁延日久，政治恐受影响，请勿失机。最好谭主席先来也。"

蒋介石的"迁都"之议，在苏俄顾问那里遭到冷遇，9月15日，鲍罗廷致电苏联政府驻华大使加拉罕、中共中央总书记陈独秀和远东局负责人维经斯基，认为"蒋请我们到汉口去，为的是以国民政府和中央在当地的声望帮助他保持住政权"。鲍的这一分析不无道理，其时两湖的实力派军人唐生智正借北伐之机大肆扩充军力，唐与蒋有很深的嫌隙，其势力非蒋所能控制，故蒋欲借"迁都"，用党和政府的"威权"来规范唐生智。此外，在前线的蒋也一直关注广东政情，阴存借“迁都”削弱在粤共产党和左派势力的企图，所以鲍罗廷给蒋的回复是“国民政府和中央迁往汉口的问题应在占领武昌后最终解决”。

蒋介石的迁都主张被鲍罗廷搁置，虑及武汉局面，蒋介石请张静江帮忙。9月18日，蒋介石再次电张，称“中正离鄂以后，武汉政治恐不易办，非由政府委员及中央委员先来数人，其权恐不能操之于中央，必中央来人另组政治委员会，以代临时政治会议为妥”。于是张静江在政治会议上提出召开国民党大会，研究并决定攻克武汉以后的政策。然而，10月1日在广州召开的中央执行委员及省执行委员联席会议上，张静江的提议无人理会，鲍罗廷的意见却成为共识。联席会议无须辩论就通过了国民政府发展问题决议案，案中指出：“国民政府地点应视其主要工作所在地而决定之，现在国民政府之主要工作在巩固各省革命势力之基础，而此种主要工作以首先由广东省实施最为适宜，故国民政府仍暂设于广州。”对这样一个结果，蒋介石当然很不满意。

1926年11月上旬，武昌已为国民革命军所有，南昌也被北伐军

国民政府委员由粤赴鄂途中在始兴县合影。

设在武昌的国民政府。

攻克，随着北伐战争的节节胜利，鲍罗廷也认为国民政府迁汉时机已成熟，同时他准备实施下一步计划，即北上在武昌召开国民党代表会议，产生内容广泛的施政纲领，“使国民党左派和共产党人联盟重新执政”，以恢复“中山舰事件”以前的局面。共产国际也指示，“鉴于有必要依靠湖北工人的同情和尽快成立华中的行政机构，认为现在在占领浙江和南昌的时候，可以不反对将国民政府和国民党中央迁至汉口”。为实现这个计划，11 月 16 日，鲍罗廷与徐谦、宋庆龄、孙科、宋子文、陈友仁等，由广州出发经江西前往武汉，开始为迁都做准备。11 月 26 日，由中央政治会议在粤作出中央党部和国民政府迁移武汉的正式决定。从 12 月初起，政府工作人员开始分批前往武汉。

12 月 7 日，先期抵达南昌的宋庆龄、徐谦、陈友仁、孙科、宋子文、鲍罗廷等人会同蒋介石在庐山召开会议，其时的蒋介石还未对广州国民政府迁汉表示反对。12 月 13 日，抵达武汉的委员根据工作需要，议决成立国民党中央执行委员国民政府委员临时联席会议，其组成人员有宋庆龄、徐谦、陈友仁、孙科、宋子文、邓演达、唐生智、张发奎、董必武、于树德等。徐谦为主席，叶楚伧为秘书长，鲍罗廷

1927 年 1 月 1 日，武汉群众集会，庆祝国民政府迁都武汉。

国民政府委员由粤赴鄂在武昌登岸后受到民众欢迎的情形。

为总顾问。1927 年 1 月 1 日，临时联席会议正式在汉办公。

然而，由张静江、谭延闿两位政要所率政府机构和中央党部一应人士赴汉时，却在南昌遭到了蒋介石的“扣留”。蒋借口“时局”关系，突然提出“武汉不宜建都”，政府要人须暂留南昌“驻节”，待打下南京后，再赴南京。张静江以中常会主席的身份，在南昌召开“中央政治会议临时会议”，呼应蒋的建议，做出了“中央党部及国民政府暂驻南昌”的决定，并在会后发表了这项决定的通电。之后，蒋介石以中央政治会议的名义致电汉方，要他们取消临时中央党政联席会议，改为武汉政治分会，公然挑起了“迁都之争”。

此前急于要将中枢迁汉的蒋介石，何以一改初衷了呢？这与临时联席会议召开后武汉的形势有关，这时的蒋介石显然已敏感地察觉了鲍罗廷的企图。他看到国民政府赴汉后，唐生智不仅未被打压，反与鲍罗廷结合紧密，共产党人则在武汉和两湖操持工运和农运，武汉俨然已成“左派”天下，他因此殊为焦虑。更重要的是，蒋已意识到，一旦中央党部和国民政府都迁去武汉，武汉方面便取得了“挟天子以令诸侯”的地位，不仅蒋无法控制国民政府和中央党部，反而须受汉方节制。这一前景是蒋必须阻止的，于是他不惜食言，公然一搏，做出了将取道江西赴鄂的人员截留南昌的举动。

“迁都之争”表面上争论的是国民政府和国民党中央驻地问题，而实际依然是对北伐领导权的争夺。从苏俄和中共来说，坚持迁汉关系到“国民党左派和共产党人联盟重新执政”计划的成败，而对于蒋来说，政府迁汉则意味着权力的削弱，并被人监督，蒋当然不甘束手就范，进而不惜制造事件，以反制鲍罗廷和中共的“阴谋”。不过，蒋介石公然“以军控政”“以军控党”行径，不但没占到便宜，反而激起了众怒，给武汉方面加重了砝码。“迁都之争”的发生，汉浔对立公开化，北伐前景也投入了深深的阴影之中。

武汉国民政府的“迎汪复职”

“中山舰事件”发生时，国民党领袖汪精卫以“一走了之”维护了其“左派”领袖形象。事后，苏俄与中共即有“以汪制蒋”设想。而国民党“左派”也因对蒋排汪不满，强烈要求恢复汪精卫的最高领袖地位。1926 年 7 月，国民党浙江、江苏、安徽、湖北、江西 5 省党部及上海、汉口特别市党部联衔电请“汪主席销假视事”。10 月，在国民党中央委员、各省、区、各特别市、海外各总支部代表组织的联席会议上，江苏、上海、安徽、浙江等四个党部再次提出请汪回国“主持大计”的动议。此后，随着北伐的胜利推进，“迎汪复职”的呼声越来越高，对此，蒋介石直言不讳地表示：“我以为党政军只能有一个领袖，不能有两个领袖。”由此可知蒋挑起“迁都之争”，很大原因也是出于对汪重回国民党领导地位的恐惧和担心。

蒋介石挑起“迁都之争”后，武汉临时中央党政联席会议决以“党权”压军权，1 月 12 日，蒋介石由江西来到武汉探虚实。武汉方面组织数十万群众集会，以“欢迎”方式“逼蒋左倾”，不料更激起蒋介石愤怒。回返南昌后，蒋干脆以“中央”自居，衔电武汉，要求汉方委员去南昌商决迁都问题。继而公开把矛头对准中共与苏俄，声称：“现在共产党员事实上有许多对国民党党员加一种压迫，表示一种强横的态度，并且有排挤国民党党员的趋向”，还说“我要纠正他，行使制裁的责任及其权力”。蒋甚至以“中央政治会议”名义致电共产国际，要求撤换鲍罗廷，并在一次演讲中公开表示，“若苏俄一日不以平等待我，像别个帝国主义一样压迫我们的时候，我们也要像反对帝国主义一样的反对他们”。

蒋介石的所作所为，激起武汉方面更大愤慨，在由国共两党组成的“行动委员会”的领导下，武汉发起了一场声势浩大的“提高党权，迎汪复职”运动，加入在内的除被认为是国民党“左派”的势力

1927年3月，国民党二届三中全会在武汉举行。与会者有徐谦、孙科、宋庆龄、陈友仁、吴玉章、董必武、毛泽东、林伯渠、夏曦、詹大悲、陈公博、恽代英、邓演达等国共两党代表。这是与会者在武汉国民政府大楼屋顶平台合影。

外，也包括了本来就对蒋介石的跋扈与独裁不满的孙科、宋子文、张发奎、唐生智等在汉军政界一应要人，使得这时的浔方格外显得势单力孤，力挺蒋的仅剩了张静江、戴季陶几人。1927年2月8日，滞留南昌的中央和政府委员们也做出了“兹应民众及各团体要求，本日决议中央党部与国民政府迁至武汉”的决定。2月21日，国民党中央执监委员、候补执监委员扩大联席会议在武汉召开，会议议决即日起结束临时联席会议，中央党部和国民政府分别在汉正式办公。在这一局势下，蒋介石也感到在南昌留住几个政府要员已无价值，只好放弃立场，让阻滞南昌的一应人员去了武汉。

1927年3月10日至17日，国民党中央执行委员会二届三中全会在汉口召开，到会委员33人，蒋介石、张静江、朱培德未到会。这次会议通过了《统一党的领导机关案》《军事委员会组织大纲》《统一革命势力案》等一系列文件，议决将政治、军事、外交、财政大权重新集中于党。会议选举了国民党中央常委和中央机关，确立了国民党中央常务委员会、政治委员会、军事委员会的集体领导制度，选出汪精卫等九人组织中央执委会常务委员会，对于党务、政治、军事行使最终议决权，中共党员也重新被吸纳参加了政府的领导工作。蒋介石则被免去了中央组织部部长一职，蒋为扩充个人势力而设的军人部也被裁撤，这对蒋无疑是一个沉重打击。

国民党二届三中全会是共产党人与国民党左派合作“抑蒋”的胜利，鲍罗廷为达到目的，巧妙地利用了国民党中的各种“反蒋”资源，使原本一些不属于“左派”的党中其他势力，这次也站在“抑蒋”这一方，尤其是不满于蒋的军事领袖。在由宋庆龄领衔发出“组织中央政治会议武昌分会”的致蒋电中，国民革命军的几个军长全都列名其中。尽管如鲍罗廷所料，“在这个时候用汪精卫的名字可以把蒋介石的所有对手都联合起来”，但这种联合只是暂时的，是蒋介石的对手并不一定就是“拥汪”的力量，何况国民党中的“拥汪派”本身就是一个复杂的群体，内中包含了不同的派别和势力集团，尤其是那些军事领袖，更是各有怀抱，汉方的阵容看似强大，实际上却非坚不可摧。此外，二届三中全会虽然通过宣言、训令、决议案，限制了蒋介石的权力，但是仍保留了蒋的北伐军总司令职务，这就给蒋继续利用职权，纠集力量，变本加厉地实现图谋创造了条件。

如火如荼的两湖工农运动

北伐开始后，军事的迅猛发展，为共产党在更大范围内开展工农运动创造了条件。对国民革命军北伐，共产党是全力以赴加以鼎助的，但从认识上来讲，始终视北伐为“单纯军事行动”“不能代表民族革命之全部意义”，认为只有发动群众争取自己的民主权利，“才是国民革命的真正意义所在”。正因为此，共产党在北伐开始后，一方面为发动和组织民众支持国民革命军北上做了大量工作，另一方面也把启发劳苦大众的“阶级觉悟”，作为动员民众的主要武器。共产党在国民革命中植入了共产革命的诉求，拿当时共产党自己的话来表述，“中派的北伐是意在他们的政权扩大，我们对于北伐是要求民权运动的扩大”。正是由于这一目标，直接造成了北伐过程中国共两党对待工农运动上的不同态度。由此牵涉到的“领导权”之争，最终致两党在北伐中途分道扬镳。

就民众动员来说，共产党的工作是卓有成效的。北伐出动时，中华全国总工会就发表宣言，号召全国工人“站在一切民众之前，引导一切民众援助国民革命军，使之得到胜利”。广东省港罢工工人组织了数千人的运输队和卫生队，随军行动。北伐军所到之处，工人群众迅速组织起来。到1927年2—3月间，全国工会会员由北伐前的120万增加到200万。特别是两湖地区，工人运动有了新的发展。在湖南，北伐战争前，有组织的工人约11万人，北伐军攻克湖南后，在中共党组织领导下，改组了湖南省工团联合会，成立了湖南全省总工会，1926年12月1日至26日，湖南全省总工会在长沙召开了第一次代表大会，通过了关于统一工人运动、发展工会组织、组织工人纠察队等决议案。会后，全省工会会员迅速发展到40万人，基层工会普遍建立了工人武装纠察队。

在湖北，北伐军占领武汉后，全国总工会在汉口设立了办事处。不久，湖北全省总工会成立。1927年1月1日，省总工会在汉口召开了第一次代表大会，此时全省工会已发展到340

武汉工人纠察队。

北伐军进入汉口租界。

多个，会员达30万人，并建立了工人武装纠察队。1927年2月，全国总工会由广州迁到武汉。在武汉政府军事委员会支持下，武汉工人纠察队拨得枪支2000余支。武汉成为革命中心后，长期受中外资本家和封建势力剥削和压迫的工人，为改善自己生活的罢工运动迅即展开，形成了震惊全国的武汉工潮。在工运和反帝高潮中，发生了示威民众与英租界军警冲突的“一·三事件”，慑于高昂的民气，一向蛮横的英帝国主义，也不得不低头，被迫与武汉国民政府外交长陈友仁签订了协议，同意将汉口、九江两地的英租界交还中国。

农民运动更是来势汹汹。在湖南，北伐前夕，已有农民协会会员30余万人。北伐军占领湖南后，农会会员激增至140万人。1926年12月，在长沙，湖南党组织主持召开了第一次农民代表大会，时任中共中央农委书记的毛泽东在会上作了“国民革命的中心问题就是农民问题”的重要讲话。大会发表了宣言，通过了减租减息、铲除贪官污吏土豪劣绅、建立农民政权、组织农民武装等决议案。至1927年1月，湖南全省已在50多个县组织了农民协会，会员更激增到200万

1927 年湖南农运中的农民协会。

湖南农民协会打土豪时的宣传画。

湖南湘乡县召开农工联合大会后合影。

人。在湖北，北伐战争前夕，全省农协会员已有7万余人。北伐军占领武汉后，湖北农协组织得到了很大的发展，到1926年底，会员人数也激增到28万多人。同样的农运风潮，也发生在江西。北伐战争前，江西只有农会会员6000余人，北伐军克复江西后，会员猛增至5万人。1927年2月，全省第一次农民代表大会在南昌举行，此时农会会员已增至30余万人。此外，在安徽、浙江、江苏等地北伐军所到之处，农运浪潮也随之汹涌而至。

工农运动的兴起，对北伐军是一个极大支援。在北伐作战时，数万农民担任运输、侦查、向导、救护、供应粮食等工作，甚至还在北军后方组织暴动，骚扰。北伐军不少军事将领在总结其得胜原因时也都感慨，“此次我军胜利之快，实得人民之力居多。每次战争时，人民或组织敢死队，在我军进攻时，以扰乱其后方……敌人败退时，人民并指示一切——何者有危险物之埋伏，何者为敌人机关；并为向导，取捷径追敌。当我军进攻时，人民送茶送饭，络绎不绝”。而汉口、九江英租界的收回，更是以民意压迫帝国主义“革命外交”的巨大成功。

不过，工农运动的汹涌也带来了一系列问题。首先是“解放工农”的“赤色革命”，让不少国民党人士感到了恐惧，进而趋于敌视。国民革命高潮的掀起，是国共两股力量的汇聚，两党尽管都为激进力量，但由于两党依靠的阶层不同，利益和政策目标也就不同。就国民党来说，其组织的成员多为有产者，长期支持者也多为华侨和工商界人士，在农村，则主要为地方乡绅。而今，共产党领导的工农运动，尽管也把国民革命的目标“打倒列强除军阀”挂在嘴上，但最直接的革命对象却是有产者。北伐军中不少领兵的军官，在两湖家中都有一定田产，当农运的风暴扫及这些军官家产（特别是中上级军官），累及家属时，军人的反感就高涨起来，这使本来两党动摇的联盟关系变得更为脆弱。

不过，对于共产党来说，借助北伐，推进工农革命，“使革命战争的胜利，能够实现平民革命专政的目的”却是既定目标。早在1925年1月召开的四大上，中共就已确立了“无产阶级的政党应该指导无

克复武昌后枪毙土豪劣绅。

产阶级参加民族运动，不是附属资产阶级而参加，乃以自己阶级独立的地位与目的参加”的工作方针。也就是说，其时的共产党，已不愿意继续给国民党“当苦力”，为防止资产阶级“将来与帝国主义买办阶级妥协”，共产党需要确立其自身在多数民众中的政治影响，以与资产阶级“争夺革命领导权”。这是共产党放弃自我约束的谨慎政策，重新采取积极发展政策的一个重要转折点。1926 年 3 月 14 日，中共中央发出《中央通告第七十九号》，向全党正式传达了支持北伐的立场，但其心底里始终埋藏着一个担忧，即蒋介石会利用北伐，成为新的军事独裁者。于是中央向全党发出要求，“不仅是广东作军事的准备，更要在广东以外北伐路线必经之湖南、湖北、河南、直隶等省预备民众奋起的接应，特别是农民的组织”。

本着这一原则，随着革命军的胜利向北推进，大规模的农民运动也紧随其后，革命之旗插到哪里，农民革命的风暴就横扫到哪里。在北伐军所到之处，被动员、组织起来的农民、工人被叫去参加各种名目的集

湖北省农民协会第一次全省代表大会。

会，如欢呼胜利的庆典、体现民意的示威，还有抗议、纪念大会等等，在万头攒动、人山人海的集会仪式中，原来目不识丁、社会地位低下的工农大众感受到了革命的魔力，激发了参与的强烈愿望，也带来了不良的后果，如：底层的发动，本来就具有集体发泄的倾向，阶级意识的启蒙，使"暴力"在革命的正当性下愈演愈烈。"军阀""帝国主义"固然要打倒，但"打倒土豪劣绅"更为直接，也更易被民众所接受。于是，"有土皆豪、无绅不劣"，乱抓、乱罚、游斗、处决……底层民众发泄愤怒的行为也就泛滥了起来。

武昌农民协会。

二、"四一二"政变与北伐中挫

蒋介石与桂系将领的联手

在汉、浔对立时，迫于各方压力，蒋介石被迫放弃了"迁都南昌"的主张，但也因此加快了"另起炉灶"的步伐。而在准备的诸要项中，最主要的就是设法找到政治和军事的同盟者。蒋介石清楚地知道，自己虽为北伐军总司令，但实际能由自己控制的军队仅有第一军和一些反正不久的杂牌部队，而汉方却拥有除蒋以外的几乎全部国民革命军的主力。为改变力量对比，蒋迫切需要在国民革命军内部找到能与自己采取一致行动的军事力量，而李宗仁、白崇禧的桂军成为蒋看中的第一目标。

蒋介石把拉拢目标定在李宗仁和他的广西部队身上，绝不是偶然的：第一，李宗仁的这支部队是北伐军中最有实力，也最具战斗力的一支武装，一旦倒向蒋一边，蒋就可能在与汉方的军力对比上转劣势为均势，甚至优势；第二，凭着蒋的嗅觉，他敏锐地感觉到李、白广西派军人将会在“反共”这一点上与自己同一步骤，因为第七军这支广西部队在蒋看来是当时受共产党影响最少的一支军队，李宗仁在汉、浔对立中所表现的中间立场和暧昧态度，更坚定了蒋的这个信念。

如蒋所料，李宗仁及其新桂系势力在“反共”这一点上确可引为“同道”。李宗仁班底的重要成员，包括与其拍手搭档的黄绍竑，都是乡里有名的豪门望族，对共产革命有本能的抵触，工农运动在广州如火如荼，在广西却是绝对被禁止的。不要说共产党，就是对国民党，李、黄等也存戒备之心。早在两广统一时，国民党中央要派干部到广西，就遭到李、黄坚决回绝。军队统一改编时，按国民革命军政治工作制度，军中要设基层党代表，独第七军破例，只在军部设了个象征性的政治部。北伐出师时，黄绍竑党代表的印章干脆由李宗仁带着，需要副署的地方一盖两章。国民党中央派到第七军的政治部主任黄日葵（中共党员）也被留在了后方，而另行推荐了与吴稚晖、张静江、李石曾等均有私谊的麦焕章。对此，李宗仁颇为自得，称“友军多为共产党所渗透”“独七军能保持一贯纯洁无染的作风”。

北伐出师后，捷报频传，军人地位也得到提升。第七军作战骁勇，赢得口碑，但“每收复一地，便涉足财、政两界，抢夺肥缺”的情况也屡有发生。迁都之争发生后，李宗仁态度暧昧，有报章对其“骑墙”立场表示不满，认为是“对蒋的纵容”，这更拉开了李与“武汉派”的距离。而这时在南昌的蒋介石却通过白崇禧，频频向李宗仁

上海 1927 年游行的劳工。

招手，还专门为第七军拨付 20 万元的特别军饷。既然李宗仁等不欲也不可能与“左派”共处，凭自身力量又不足以“单独举起反共的旗帜”，那么与蒋联手，就成了李、白等广西军人的一个必然选择。

1927 年 3 月，国民革命军开始兵分四路，进略长江下游。随着东南一带的扫清，汉、浔两方为必不可免的较量进行的一系列幕后活动也加快了步伐。3 月 18 日，作为江左军总指挥的李宗仁在收复安徽后，由武汉乘轮东下，抵达安庆。次日，武汉国民政府代表郭沫若、朱克靖奉命而至，随身携来了委任状与大印一枚，以武汉国民政府名义委李宗仁以第七军军长身份兼安徽省政府主席。但李宗仁以“政治非我所长”为借口，婉拒了武汉政府的任命。次日，蒋介石也从九江乘舰抵安庆，亲自为李宗仁带去“安徽省主席”的手令，示意安徽地区从此可由李任意支配。在需要团结政治同盟时，以满足对方对金钱和地盘的欲望作诱饵，这是蒋介石嗣后与政敌斗法时的惯用手段，这一招果然生效，蒋、李遂在安庆就共同行动达成默契。

3 月 27 日，李宗仁将所部委于手下大将夏威、胡宗铎指挥，自已则乘轮东下，悄赴上海。由于其时的蒋介石与俄国顾问已近水火不容，与武汉方面的关系也在迅速恶化，加上担心共产党把上海的罢工与暴动变成一场共产主义革命，这时的他已下定决心，一旦东南底定后，就利用江浙和上海的资源，另起炉灶，与武汉分庭抗礼。广西军人的加盟，给了蒋动手的必要筹码，于是一场旨在消弭"赤祸"的政变在紧锣密鼓声中悄然揭开了序幕。

南京事件与龙华反共会议

1927年3月24日，北伐军打败直鲁联军进占南京，因军阀部队溃退，城中秩序紊乱，波及外国领馆和侨民，造成英美人士数人伤亡，一些领馆财产被掠。事发后，英、美两国以"护侨"为借口，命令停泊在下关江面的军舰炮击南京，是为"南京事件"，也称"宁案"。关于此事件中，中外双方的死亡人数，据台湾郭廷以编著的《中华民国史事日志》记述：外人死亡人数为5人（其中美1人、法1人、英2人、意1人），伤数人，而遭英美舰炮击丧生的中国官兵和无辜贫民为30余人，伤数十人。

"宁案"发生时，蒋介石正处"四一二"前夕的关键时刻，在即将采取的"清共排俄"行动中，蒋迫切需要取得列强对他的认可。故宁案次日，蒋亲乘楚同舰赶抵南京，声称宁案系"共产党徒煽动一部分军队及地方流氓所为"，下令立即由最高军部派兵分赴弹压。同时召见第六军军长程潜，对处理南京事件作了指示，"对于无论中国军队或流氓损害外侨生命财产，均赖负责查明其确实情形，予外侨以满意之解决，违者严惩"。3月26日，蒋介石抵达上海，当天即与公共租界取得联系，发表了"他将与外国警察和军事力量合作去维持秩序和镇压流氓无赖的暴行"的声明。31日，蒋又在上海召集外国记者招待会，明确告示列强，"国民政府所定政策为不用武力和任何群众

英美军舰炮轰南京。

暴动以变租界之地位。凡愿意平等待我之国家，即为吾人之友，纵使从前曾压迫中国，吾人也愿与之合作，与之联合”。这是蒋公开发出的变更北伐“反帝”目标的重要信号。不过，尽管有蒋介石的一再表态，在华列强仍把身为国民革命军总司令的蒋介石作为了主要施压对象，通过其驻沪总领事向蒋提出了包括“惩凶、赔偿、保障”内容，并将此作为了探试蒋真实立场的试金石。南京事件进一步激化了蒋介石与共产党的矛盾，蒋的“清党”步骤已势在必行。

“宁案”发生时，白崇禧率领指挥的北伐东路军已进入上海。由于中共上海工人总同盟罢工和武装起义的发动，白部开进上海时，除租界外的市区大部已为起义工人所控，由工人和其他各界组成的上海市临时市政府也在闸北巷战中诞生。在上海工人第三次起义发动时，白崇禧统领的北伐东路军已扫清了浙江之敌，逼近上海市郊，本当立即给上海起义工人以全力支援，但白却遵循蒋的密令：“我军如攻上海，至龙华、南翔、吴淞之线为止，不得越过此线为要。”东路军因而按兵不动，拒绝了上海工人纠察队代表请其协助进攻敌军的要求。3 月 21 日，由于上海大部已为起义工人所控，白部兵不血刃，驱师入

北伐军到达上海时期，蒋介石与白崇禧合影。

城。3月23日，上海召开二十万人欢迎国民革命军大会。此时，上海被起义工人占领，白却因上海二十多万有组织的工人表现出来的雄厚实力，深受刺激，认为“此种发展，如不加抑制，前途不堪设想”。

3月28日，李宗仁抵沪，蒋介石也于是时得到了广西将领以第七军武力全力支持蒋“清党”的确切保证。4月2日，两广的李济深、黄绍竑也在李、白去电后联袂到沪。是日，各方在白崇禧的东路军前敌总指挥部召开了决定“清党”大政方针的“龙华反共会议”。与会的主要为蒋、桂两系的核心人物，另外还有其时在沪的几位国民党元老。会上由吴稚晖、李宗仁等以“国民党监察委员”名义提出了“弹劾共产党的议案”。4月4日，又联名发出了反共的“护党救国”通电。与此同时，李宗仁饬令第七军于3日内赶赴芜湖、江宁，担负阻

召开“龙华反共会议”的东路军前敌总指挥部。

止武汉容共军队侵扰南京、解除南京附共部队武装的任务。被认为具有“亲共色彩”之第二军被令渡江，至浦口抵御直鲁军，程潜的第六军第十九师被认为是附共部队，被全部缴械。

4 月 8 日，一切准备就绪，蒋介石在行辕召集了重要军事会议，会后以上海为后防要地为名，宣布全市戒严，白崇禧任戒严司令，蒋介石则以前方军事吃紧为名，9 日乘车前往南京，上海交由白崇禧全权包揽，坐镇指挥。一场以消弭“赤祸”为目的的血腥政变即将开场。

“四一二”政变与南京国民政府的成立

蒋介石、白崇禧等人的担心并非全无根据，鉴于共产党在上海工人中的号召力，上海的中共领导人显得相当振奋，认为“我们党已到了夺取领导权的时期”，更何况效仿苏俄革命，在适当的时机公开打出自己的旗帜，举行中心城市起义，建立以产业工人为主体的“市民政权”，本就是三次武装起义时确定的方略。而蒋介石自国民党二届三中全会后，就已暗下了与苏俄和共产党“分家”的决心，“迁都之争”

4 月 12 日中午，上海各界民众 50 万人集会，抗议军队收缴工人武装。

后，蒋介石为与汉方抗衡，在此后进略东南时，全力夺取其军力所及各地的党政权力，于是所经省份和地区都相继发生了借用地方帮会势力捣毁农协、工协，挑起纷争的流血事件，江西省总工会执行委员、赣州总工会委员长、共产党员陈赞贤也遭枪杀。这样的冲突事件一路发生，由九江而安庆，而南京，无疑为蒋准备与中共作最后摊牌的重要信号。宁、沪收复后，江浙一带基本为蒋、桂两系军队控制，动手时机已经成熟。

4 月 12 日，新成立的淞沪戒严司令部正、副司令白崇禧、周凤岐在蒋的密令下，以制止械斗为名，利用帮会成员作前锋，在一天之内迅速收缴了上海工人纠察队在各处的武装。次日，中共领导下的上海总工会组织示威游行、罢工罢市时，白崇禧干脆下令军队开枪，失去武装凭借的上海共产党人，已然成为了蒋的俎上鱼肉。于是，一夜之间，血雨腥风，沪上工人领袖、著名共产党人汪寿华、陈延年、赵世炎等人先后被捕遇害。仅事变三天中，被杀者就有 300 多人，被捕者无数，而在此后两周中，又有 5000 多人被捕、被杀或失踪。

4 月 15 日，蒋介石正式发布《清党布告》，宣布与中共正式决裂。

“四一二”政变上海街头的行刑队。

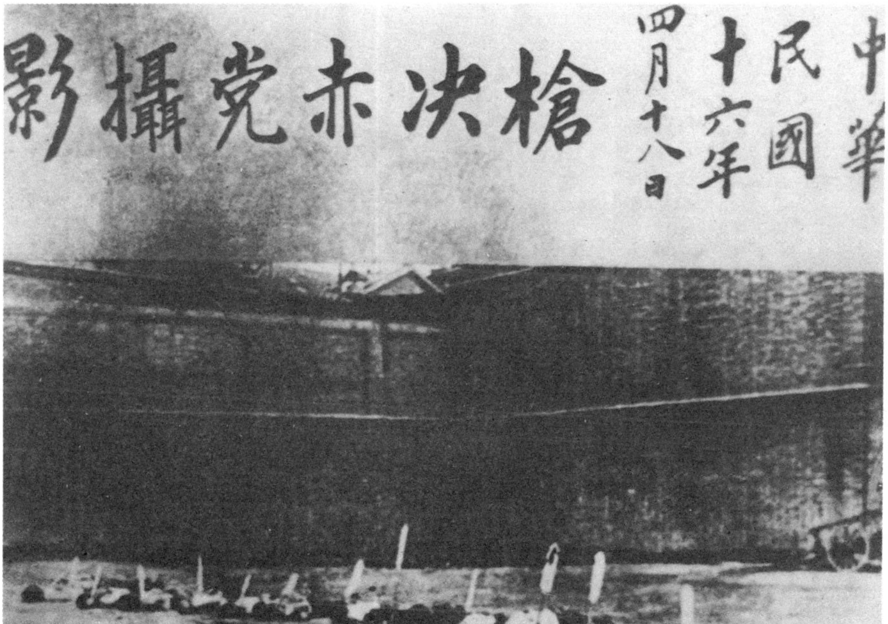

“四一二”政变中被枪杀的共产党人。

“四一二”政变现场。

“四一二”政变现场。

驻沪国民党第二十六军军长周凤岐是“四一二”政变中反共清党的主要力量。

1927 年 4 月 18 日，南京国民政府宣告成立。图为蒋介石、萧佛成、邓泽如、吴稚晖、伍朝枢、胡汉民、王宠惠、张君等。

1927 年 4 月 18 日，蒋介石在南京成立国民政府，图为南京国民政府成立典礼时的情景。

国民政府建都南京时蒋介石发表演说。

建都南京，国民政府委员就职合影。

国民政府建都南京时胡汉民发表演说。

也就从该日起，江苏、浙江、安徽、福建、广西等省，但凡蒋、桂势力所达地区，也都先后以“清党”名义，对共产党员和“附共分子”进行了大规模的捕杀。4 月 18 日，以蒋介石、胡汉民两派人物为核心组成的国民政府在南京宣布成立。蒋介石等“弃俄绝共”的坚主者，为达到摆脱苏俄控制的目的，采用了血腥手段，通过另树旗帜、自立门户的行径，不惜陷国民党于分裂，公开与尚在实行“联俄容共”政策的武汉国民政府分庭抗礼，宁、汉对立由此形成。

毫无疑问，“四一二”政变与南京国民政府的成立是国民革命过程中最为重大，且具转捩意义的事件。国共两党在革命宗旨和社会基础、组织原则上原本就有根本的不同，走到一起是基于不同的目的，一如《大公报》时评所言：“共产党利用国民党之党势、孙中山的人望，而国民党则需要借容共得到苏俄的国际支援。”客观而言，国共的携手，曾为两党带来了壮大，带来了国民革命的兴起，也带来了北伐前期的军事胜利，但只要国共之间存在互争领导权的斗争，双方的矛盾就必有激化的一天，分手是迟早之事。然而，分手是否一定要你死我活，一定要武力相向呢？由于其时的国民党无论在话语宣导上，还是在工农运动中，都已不占优势，且虑及中共背后还有俄国人的支持，因而借助尚能把控的军力，先发制人。武力被坚决“清党”的主张者视作了唯一出路。而在共产党方面，其实也早已意识到“分手”必不可免，作为总书记的陈独秀就曾数度向共产国际提出“退出国民党”的建议，但却被“国际”否决。于是，在未能拥有自身武力的情势下，一旦“清党派”先举起屠刀，共产党也就只有束手就擒、人头落地的份了。

“四一二”给北伐阵线造成了大分裂。“清党”固然成就了蒋介石在南京建立政权的“宏图”和“伟业”，但原本如日中天的北伐却不得不因这场事变遭到中挫，而武力“清共”的推行，也开启了政党竞逐中以暴力毁灭的方式清除对手的恶例。自此而后，曾为同一阵营的“革命者”之间便开始了“互相革命”，在“宁可错杀一千，必不使一人漏网”的口号下，不仅大批共产党员倒在了屠刀下，国民党中一些富有理想和朝气的党员也因“共党”嫌疑而遭到清洗，曾经轰轰烈烈的民众运动被严格禁止，一些有利民生的社会改革措施遭废弃，不少地方政权、党权复为土豪劣绅和投机分子所把持，原本为社会动员型政党的国民党从此与底层民众绝缘，组织本身也因此发生了严重蜕变。对此，蒋介石本人也不得不承认，“清党时期倏逾半年，共产党之逆迹固已大暴国中，本党之精神也已日渐湮没”。可见，“清党”固然是对共产党的重创，对国民党也是自残，清党过后，大量党员或被清洗，或因恐惧自动脱党，北伐出师时那种万众一心的奋发精神和昂扬斗志不复再现。

三、宁汉对立、党统之争与国民党的分裂

汉方内部矛盾与“七一五”政变

“四一二”后，宁、汉对立形成。由于蒋介石从北伐前的“红色将军”，一变而为摧残工农革命的“刽子手”，并以在南京另立政权的方式分裂了国民党，对于蒋介石的这一公然“反叛”行为，武汉方面立即发起了声势浩大的声讨和揭露，不仅开除了蒋介石的党籍、撤销了其一切职务，还下达了对蒋的通缉令，东征讨蒋的军事行动也在积极部署之中，然而，看似同仇敌忾的武汉国民政府内部，隐匿的种种矛盾和纷争也渐次显现。

首先是汉方内部的复杂构成和“同床异梦”的各派系。自汪精卫回国返抵武汉后，汉方表面上都是拥汪派，但实际上分为三部分势力：首先是被承认的“国民党左派”，以汪精卫、陈公博、顾孟余、徐谦等为代表，他们掌握着武汉国民党中央大权；其次是一些对蒋跋扈不满的政要，他们对汪系“左派”更觉格格不入，“人留武汉，心向南京”，政治上首鼠两端，其主要人物有谭延闿、孙科等；最后则是其时在武汉、系统各异的军事武装。“四一二”发生时，国民革命军武装中，除蒋、桂军队外，其余各部基本都留在了汉方阵营，阵容可谓强大，但实际上这只是表象，这些武装之间不仅互不统属，彼此间还有很深的嫌隙。就拿同为汉方的唐生智、谭延闿、程潜的三支湘系武装来说，最有实力的当数唐生智所领军队，因两湖作战时的大力扩充，该部已由原先一个军发展为四个军，成为两湖最大的军事势力。而谭、程所领军队虽也为湘系，却遭到唐生智排挤，在两湖难以立足。而汉方武装中另外的两支非湘系军队，其中一支为朱培德的武装，实力不大，所部驻江西。而另一支粤系武装则声名显赫，就是在北伐中屡立战功，并有“铁军”之称的张发奎的部队。张发奎为国民

武汉时期的汪精卫。

廣州民國日報

本報每日出紙三大張

打倒陰謀消滅國民党的中國共產党

中國國民黨廣州特別委員會宣傳委員會

广州《国民日报》上刊登的国民党广东方面的反共宣传。

革命军第四军军长，奉汪精卫为政治领袖，“四一二”时，因广东李济深宣布反共，张宣布脱离李部节制，并在粤军第十一军军长陈铭枢弃部投蒋后，将其军队一并归至麾下，考虑到该部的一些新扩部队，他也有近四个军的兵力。第四军是汉方汪派势力可作依傍的基本力量，也是唐生智眼中称霸的障碍，因而被处心积虑予以排挤。唐生智先是以“分途北伐”为名，调张部入豫作战，致使该部损失逾万，撤回后不久，又借口“讨蒋”，要张部任“东征前驱”。张部在鄂难以立足，移师九江后，即有另图出路的打算。

宁、汉对立形成后，汪精卫一度企图拉拢北方的冯玉祥共同反蒋。冯玉祥的西北军在北伐发动时，是北方仅存的“革命硕果”。但那时的冯部，因冯通电下野去了莫斯科，退守西北的所部基本被打散或投降，只剩少量军队还在南口扼守。南方北伐出动后，冯玉祥在苏俄和中共的帮助下，离开莫斯科返国。9 月中冯抵达五原重振旗鼓，旧部纷纷来归。17 日将所部编为国民联军，宣布集体加入国民党，并举行了庄严的授旗典礼，这就是“五原誓师”。由于冯玉祥的归来，所部很快得到扩充，国民军先出兵援陕，解西安之围，而后即由陕攻豫，而这时武汉国民政府入豫作战部队也在临颍之战击败奉军主力，沿京汉铁路追击前进，退至开封、郑州的入豫奉军处于武汉北伐军与

1927 年 6 月 1 日，北伐军攻克郑州，与冯玉祥部会师。武汉政府第二期北伐的战略任务基本完成，对缓解武汉危机起到了一定的作用。图为北伐军进入郑州的情形。

克复郑州，北伐军召开政治会议。

冯部国民军的夹击之下。为避免被围歼的命运，奉军主力撤出河南，6月2日，入豫作战部队与冯部在郑州会师，两部本可一鼓作气联手扩大战果，但这时武汉方面北进作战的目的已不在奉张，而在与冯部会合后，争取在反蒋问题上取得冯部的合作。宁汉对立形成后，冯是以“调人”面目出现的，而其所处位置以及手中掌握的实力，也使他成为宁汉双方都在竭力争取的人物。6月5日，汪精卫率武汉国民政府几乎全班人马，亲赴郑州与冯晤面，但这次郑州会议并没有换得冯玉祥表态。半个月后的6月19日，冯玉祥却在蒋的电邀下，赴徐州与南京政府的一应要人见面，召开了“徐州特别会议”。会毕，即有冯、蒋马电的发出，宣布“中正、玉祥并肩携手”。冯回郑州后又有《告国民书》的发表，宣布将采取措施，将所部俄人和共产党员尽行解职，驱逐出境。同时致电武汉，敦促汪精卫相与反共，形势为之大变。

冯玉祥倒向南京，对武汉国民政府来说，无疑雪上加霜，而此时汪与苏俄和共产党合作也到了难以维持的地步。首先工农运动中的过激偏向，虽有所压抑，但自行其是的行为仍时有发生。汉方国民党人中抱怨民众运动的越来越多，武汉相继发生了夏斗寅和许克祥部的叛变。夏、许均为唐生智属下，唐部将领多出身两湖豪绅，早就对“打土豪、分田地”强烈不满，当时隐忍未发是碍于革命大势，不敢造次，眼下“左派”不再辉煌，唐也感到与之合作不是长久之计，于是扬言，他支持工农运动，但他的军官不同意，如果农运不加制止，他就很难管住军队，甚至以此要挟汪精卫，“东征必以分共为前提”。此时的唐生智俨然成为坐拥两湖，颐指气使的“新督军”。

情况已十分恶劣，但莫斯科仍大大高估了中共控制工农运动和左右国民党的能力。共产国际先是要中共继续把汪精卫奉为国民党“左派领袖”，企图用提供巨额援助来拉住汪精卫，在发现“左派”也靠不住时，联共（布）中央政治局又发出“五月指示”，要求中共立即

郑州会议合影。左起：孙科、于右任、冯玉祥、谭延闿、汪精卫、唐生智。

1927 年 6 月徐州会议代表合影，前排右五为蒋介石，右六为冯玉祥。

“七一五”政变中，共产党人首级被悬挂在街头电线杆上示众。

南昌起义时的周恩来（左上）、叶挺（右上）、贺龙（左下）、朱德（右下）。

南昌起义战斗旧址——贡院。

南昌起义指挥部所在地——江西大旅社。

南昌起义战斗旧址——江西省长公署。

南昌起义主力部队失利后，朱德率部在三河坝与国民党军激战三昼夜。图为三河坝战役中朱德的指挥所田氏宗祠。

开展土地革命，并异想天开地让中共“现在就应开始组建八个或十个由革命的农民和工人组成的、拥有绝对可靠的指挥人员的师团，这些师团将是武汉在前线和后方用来解除不可靠部队武装的近卫军”。受命前来贯彻共产国际执委会会议精神的国际代表鲁易，对面临的严峻局势视而不见，竟然还异想天开地认为汪精卫仍能听取莫斯科的意见，从而改变对工农运动的态度，甚至将密电示汪，这让汪精卫感受到来自莫斯科的幕后作用，进而产生自身地位受到威胁的恐惧。

7 月 15 日武汉国民政府在汪精卫主持下召开了“分共”会议，是会决议要求加入国民党的共产党人全部退出国民党或改籍国民党员，并决议驱逐鲍罗廷。但还没等武汉国民党中央及其军事机关查明军队和党内共产党员情况，8 月 1 日，共产党人就在南昌组织了武装起义，打响了武装反抗国民党的第一枪。八一南昌起义是中共独立领导武装斗争的开始，起义的领导人有周恩来、贺龙、叶挺、朱德、刘伯承等，但起义当时仍借用了国民党“左派”——“中国国民党中央革命委员会”的名义，所发宣言中列名在前的有宋庆龄、邓演达、张发奎等。南昌起义后的 8 月 3 日，武汉国民政府发表通令，严厉规定：“对共产党徒，一经拿获，绝不宽恕。”于是，一场对共产党员和工农运动骨干的捕杀再次在武汉和各地上演，国、共从此不共戴天，第一次国共合作也因此全然落下帷幕。

南方内部整合与龙潭之役

宁、汉相继“清党”后，国民党在反共问题上取得了一致，但接踵而起的是内部对“最高党权”的竞逐。要取得“最高党权”，首先要续上“党统”。按武汉的说法，它是由广州迁来的，具有毋庸置疑的“正统”地位；而南京却称汉方“曾为共党所操纵”，现在虽也实行了“分共”，但已失去“正统”资格，只能合并于宁方；而在前曾因反共而自立门户的“西山会议派”这时也活跃了起来，声称他们才是反共的“先知先觉”，由他们另立的“沪二届”中央才是国民党的“正统”，即便不得承认，起码也是合法的。这一紧接“清党”之后而起的“党统之争”，实质是国民党“清党”后面临权力重组的各派别势力对国民党最高党权的争夺，正因为此，实施“清党”而在势力和话语权上都占有优势的蒋介石，不仅对汉方百般诋毁，对“反共”更早、更坚决的“西山会议派”，照样毫不手软地镇压，在“清党”同时，他就将其环龙路 44 号西山会议派的总部一并作了查封。而实际掌控北京政权的张作霖，眼看半个中国已落入南方之手，为避免最后灭亡的命运，也于 6 月 18 日在京宣布成立了中华民国安国军政府，由自己出任安国陆海军大元帅，代表中华民国行使政权。于是，其时的中国，不仅南北对峙依旧，还因革命阵营内部的党同伐异，出现了“两国民政府、三中央党部”这一光怪陆离的景象。

不过，看似在三方之争中略显强势的蒋介石，在南京的日子并不好过。由于国民党内乱，张作霖在成立安国军政府后，即命手下的山东军阀张宗昌会同孙传芳所部组成直鲁联军，发兵大举南下，他们攻陷徐州，直逼南京而来；武汉方面“讨蒋”呼声也是越来越高，其所属武装唐生智、张发奎、程潜所部分兵三路东下，先抵者已陈兵湖口；更让蒋介石惕然心惊的是之前曾一度携手“清党”的桂系军人李宗仁、白崇禧，也已明显表现出没有得到适当地位的不满，桂系正以“中立”“调停”的面貌周旋于宁、汉之间，除自行将原已进至山东境内的军队撤回外，还以“拱卫”南京为名，在周边布防，“逼宫”的意图十分明显。面对来自各方的压力，无多少“恋栈”资本的蒋介石不得不施展“以退为进”手段，于 8 月 14 日发出下野通电。

蒋介石的下野在宁方引起一片混乱，李、白桂系虽因此得以掌握南京权柄，但毕竟在国民党中资历不够，加上蒋系人物以“撂挑子”施加压力，李、白一时难以掌控全局，政府也因缺少财政支撑而几陷

1927年8月，蒋介石被迫通电下野，东渡日本。这是他下野前在上海与几位黄埔学生合影。

瘫痪。这时北军已陈兵江北，有随时南犯之势。为救燃眉之急，李、白不得已做出愿“以武汉中央为正统”的表示，李宗仁亲赴庐山与汪商谈宁、汉合并之事。汪精卫也顺势表示即日赴宁，上台统驭全局。不过，这时情势已十分紧急，李宗仁在返宁途中的江面上，就发现了北军有随时渡江南犯的迹象。于是，一回南京就紧急调兵遣将，并亲至第一军军部要求何应钦协同抗击北军。果然，只隔一天，孙传芳、张宗昌所部就渡过长江，直逼南京而来。

由于北军这次南犯为孤注一掷之举，孙传芳下了破釜沉舟、背水一战的决心，军队一过江，即令将所有南渡船只一律调回，统由长江北岸的大刀队看管，以示有进无退，其本人也亲到龙潭水泥厂督阵。南京方面也因此役为存亡所系，只能胜，不能败，所以也横下一心，双方均以主力拼杀，从8月26日至28日，鏖战三昼夜，打得崖裂土翻，难解难分。29日，正与桂军夏威部相持拉锯的孙军突遭来自身后京沪路东段生力军的进攻。原来，这时本在上海与各方交涉筹款的白崇禧事毕后返宁，途至无锡时，见前行之铁路遭到破坏，意识到战情紧急，当机立断，赶赴镇江，坐地指挥，并亲自打电话给海军司令杨树庄，命他开出舰队，守住渡江口，切敌后援，并派人带宪兵登通

龙潭战役一周年之际，李宗仁、白崇禧等在龙潭合影留念。

济舰督战，孙部后援被截，而白崇禧由东而来的增援与李宗仁、何应钦指挥所部对过江的龙潭敌军形成夹击之势。孙军虽据险顽抗，但经数日鏖战，终感不支。30 日，双方主力血战竟日，龙潭被夺回，孙军在作了最后一次反扑后，因死伤惨重，有退却企图，复被来自东、西两面的军队合力进逼，压至长江边。孙传芳仓皇登上小汽艇逃命，所部“十万大兵”大部被歼、被俘，孙传芳经此打击，再无复起之可能。

中央特委会的成立与西征讨唐

龙潭战役后，南京转危为安。9 月 9 日，武汉国民政府汪精卫一行由汉抵宁，然刚一下船，便觉局势已非，南京街上甚至出现了反汪标语。原来这时的李、白桂系因龙潭战役后立脚已稳，已不愿将权柄拱手相让，于是采用“拥胡抑汪”手段，并与“反共”早、资历深的“沪二届”元老达成默契，由他们出面来指责“左派”曾与共产党关系密切，不仅不能进中央党部，还“应以叛逆罪受国民党审判”。对此，尽管汪精卫一再表示“将以十二分的诚意和十二分的勇气来补救既往，补救现在，开济将来”，但仍然形影相吊、无人理睬，最后不得不接受西山派与桂系的提议，先由三方人士一起，到上海召开一次国民党执监委员临时会议，以对党务、政务重大问题作以商讨，这使汪精卫原来准备以国民党最高领袖身份到南京主持中央党部的如意算盘完全落空。

9月11日至13日，宁、汉、沪三方代表谈话会在上海戈登路召开，出席者宁方代表为李宗仁、张静江、蔡元培、伍朝枢等，汉方为汪精卫、谭延闿、孙科、朱培德，沪方则为谢持、居正、邹鲁等。经三天激烈的讨价还价，最后议决由宁、汉、沪三方共同推举三十二人组成“特别委员会”，暂行代理国民党中执会、中监会、中央党部全部职权。9月14日谈话会结束，出席人员同车赴南京。次日，三方各

1927年9月12日汉、宁、沪三方国民党中央党部代表在戈登路伍宅进行正式会谈，协商统一党务，成立中央特别委员会。

1927 年 9 月 16 日，中国国民党中央特委会委员在南京举行就职典礼合影。

自在南京开会，追认上海谈话会的结果，之后共同发表了中国国民党中央特别委员会成立宣言。并在此后几天的会议上，议决由蒋介石、汪精卫、胡汉民、谭延闿、孙科、李宗仁、伍朝枢、林森、谢持、邹鲁等一起组成特别委员会，并产生了新的中央党部、国民政府和军事委员会。不过，蒋介石这时已宣布下野，汪精卫则因手下大员尽在谈话会时遭到排拒，眼见重操党权无望的他，也于 13 日晚，悄然离沪去了武汉。于是，在新产生的国民党中央临时权力机构——特委会中，桂系和一些胡派、西山派人士唱起了主角，由他们暂时掌控了国民党的大权。9 月 20 日，特委会领导下产生的国民政府委员与军事委员会委员在南京举行了就职典礼，发表了国民政府成立宣言。

然而，桂系在国民党内势力的上升毕竟缺乏根基，由于特委会同时排斥了蒋、汪两股势力，因此自成立起，遭遇四下反对之声不断。最初的对峙来自汉方的唐生智。唐对宁、汉合流本来就不赞同，龙潭之役打响时，他趁宁方与北军拼杀正酣，先在湖南境内将仅存的几支非唐系武装予以扫平，又以所部主力沿江东下，进占安庆、芜湖，将本为桂系所控的安徽地盘收入囊中。此后，特委会在南京成立，汪精卫潜返武汉，也是因为在汉有唐生智撑腰。而有了汪这块招牌，唐生智就可以“拥汪”为名，打起“护党”旗帜，继续他在两湖的割据。

龙潭战役会师亭。

于是汪回到武汉后，便在唐的支持下，与南京特委会唱起了对台戏，指斥特委会“违法篡党”，公开声明“武汉不受南京节制”，由此演成了第二次“宁汉对立”。

唐生智拥汪自重，激怒了李、白桂系。桂系在此前就与唐部存在嫌隙，加上两湖连接桂系大本营这一地理上的重要性，李、白桂系乃借用为其所控的特委会名义，对唐发起了武力讨伐。1927年10月下旬，南京特委会发布了《讨伐唐生智告湘鄂皖民众书》，西征讨唐开始。西征军由李宗仁亲任总指挥，讨伐军分左、右两路进行：程潜所率军队为江左军，沿长江南岸挺进；李、白之桂军为江右军，由江北入安徽西攻；在赣的朱培德部负责在江西的策应，由此形成对唐部的夹击之势。面对各方大军压境，唐生智急令其安徽所部撤退，使得未曾开战，唐部军心已动摇，而这时一些为其收编不久的杂牌部队也纷纷不听指挥，宣布加入反唐阵营，唐生智在外临强敌，内有叛将的情势下，所部士气更加低落，以致号称十余万的大军不堪一击，一败再败。11月下旬，武汉已是四面楚歌，唐生智见败局已定，遂以“休息”为名，发出下野通电，去了日本。所部主力交由刘兴、李品仙、何健率领退入湘境。

1927年底，撤至湖南的唐部复受追入境内的李、白桂军压迫。不过，这时李、白桂军已生将唐部人马乘机收归麾下之心。唐部主要统兵将领李品仙、叶琪、廖磊都为桂籍，且与白崇禧为保定同窗，关系甚密。桂方派人前往联络，答应来归的唐部保留原建制，不予编散。达成协议后，由唐部三个军军长联名发出通电，表示服从李、白指挥。至此，这场由特委会发起的西征，桂系大获全胜，不仅如愿以偿将两湖收入囊中，其军事实力也得到极大扩充。“二次北伐”发动时由白崇禧率领北上的第十二路军，即由唐部三个桂籍将领李品仙、叶琪、廖磊所统的第八、第十二、第三十六军组成，可见其添翼之势。不过，李、白桂系的极度膨胀，令筹划伺机再起的蒋介石预感到行动迫在眉睫。虑及桂系羽翼丰满后更加不可收拾，蒋介石中断了他在日本争取支持的活动，迅速返回国内。

广州国民政府时期，原由“私军”改编而成的各路国民革命军，其将领尽管对“以党领政”并不十分情愿，但置身广州高涨的革命氛围之中，对此表示了接受。北伐出师后，随着军事的进展和军事领袖政治方面发言权增大，“统兵者”中渐有人故态复萌，“党代表制”渐渐形同虚设，“四一二”后更被彻底废弃。而蒋、桂联手“清党”，也开启了武力高于党力，仅凭武力就可左右大局，掌军权就能取得党权的先例。于是，在国民革命军打下半个中国以后，革命阵营内部首先来了一场“互相革命”，军人跻身党争。在各派未达成妥协、决出胜负之前，北伐暂被搁在了一边。

第二期北伐路线图

1927年7月—1928年6月

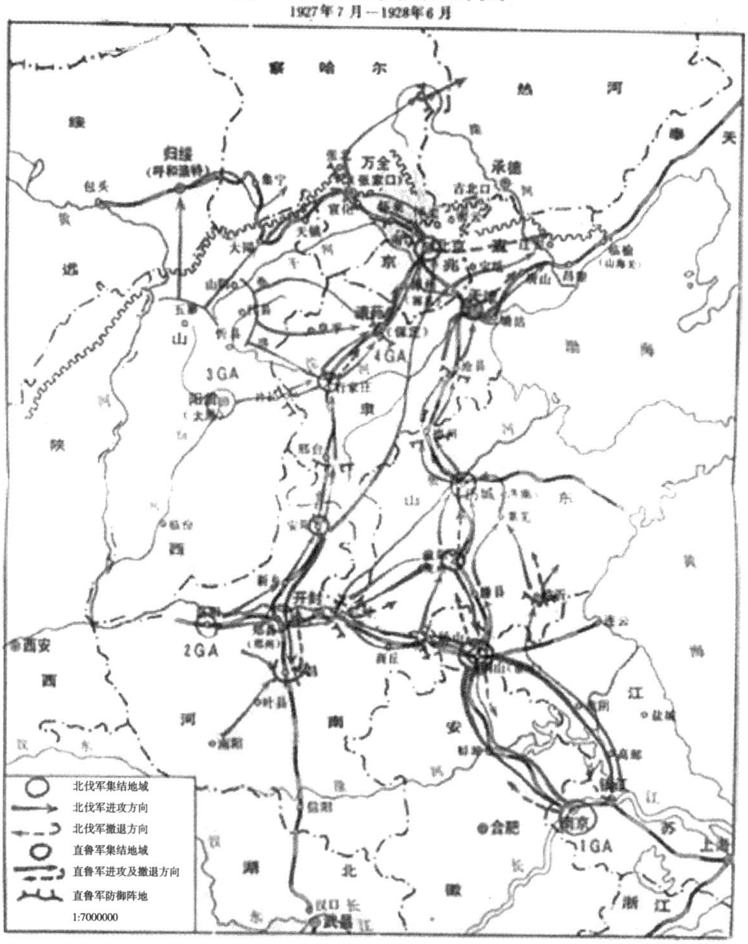

二次北伐路线图（1927年7月—1928年6月）

1928 年，国民革命军三巨头——（左起）冯玉祥、蒋介石、阎锡山。

一、国民军内部关系的调整与北伐的重启

广州“张黄事变”与蒋介石的复出

蒋介石是 1927 年 9 月 28 日由上海赴日的，陪同前往的有张群。蒋在下野后选择赴日，是希望通过日本之行，争取日本新首相田中义一对他复出并由他领导“统一中国”的支持。不过，蒋介石的这次访日并不成功。在与田中的晤谈中，田中表示，日本愿意给蒋以“充分的援助”，但前提是“不牺牲日本的权利”。日本要求蒋放弃北伐，从而使中国处于南北分裂状态，日本好从中渔利，这让蒋介石非常失望。而其时国内传来桂系西征大获全胜的消息，这让蒋介石增强了复出的紧迫感，于是决计返国，先谋东山再起。

为达到重新上台的目的，由桂系和西山派掌控的特委会就成了必须清除的障碍。为此，蒋介石使用了多管齐下的手腕，采用声东击西之术，先在两广制造事变，动摇桂系根基。为此，他与昔日政敌汪精卫联手。汪是在西征讨唐开始前就从武汉来到广州的，他的抵粤是应了张发奎的邀请。张部原驻九江时，由于所部

共产党人举行了南昌起义，受损严重，在赣难以立足，便以“追剿叶、贺”为名，率兵直趋广东。其时广东省主席为李济深，他为桂籍，与广西李宗仁、白崇禧、黄绍竑“三巨头”关系密切，向有“半个桂系”之称。张部为李济深属下，虽然“四一二”时宣布脱离，但该部能征善战，李也有意重新收入麾下，对其入粤表示欢迎，并派人携款前往迎接。不料，张发奎并不领情，回粤后即打出“反桂系”和“反特委会”旗号，邀请汪精卫入粤，这令李济深十分尴尬，双方矛盾日益尖锐。而蒋介石正是看准了这一点，返国后即派宋子文去穗与汪精卫见面，传达联手去桂之意，又以“筹备二届四中全会”为名，电邀李济深与汪精卫一起北上“共商党事”，实为调虎离山，便于张发奎部下手。

李、汪是11月16日乘船北上的。是晚，应李济深之召从广西赶来负责广州防务的桂系将领黄绍竑的住所即被张部所属黄琪翔、薛岳的军队包围，黄虽侥幸逃脱，但在粤桂军均被缴械。次日晨，广州街头贴满了“欢送李济深”“拥护汪精卫”“打倒桂系”的标语，张发奎也从香港赶至广州，并以广州政治分会名义发号施令，宣布以顾孟余为政治分会主席，陈公博代理广东省主席，并由张发奎、李福林和陈公博三人组成临时军委会主席团，广州落入汪派手中，这就是“广州张黄事变”。

广州事变消息一出，宁、沪大哗。抵沪的李济深得知粤变消息，知为人所算，于是将矛头指向汪精卫，桂系和西山派也抓住此事大做文章，要找汪精卫算账。恰于此时，广州又发生了共产党领导下的广州起义。为抵御广西桂军来攻，张发奎将所部主力尽调西江，造成广州城内空虚，在共产党员张太雷、苏兆征等领导下，以第四军教导团、警卫团为基干发动了武装起义。起义虽很快遭张发奎镇压，但此事更给了宁、沪桂系势力攻击汪精卫的口舌，事变的性质也被说成是汪精卫联合共产党所演的“双簧”，汪精卫顿成众矢之的，只好以

广州起义后街头的反共标语。

广州起义建立的广州公社旧址。

广州起义中被捕的苏联驻广州领事馆副领事哈拉西。

广州起义被毁街景。

广州起义失败后，大批革命者被杀害。

“拥蒋复职”自保，结果更激怒了桂系。12月16日，南京国民政府以共产党广州起义与汪派有关为由，下令查办汪精卫、顾孟余等人。汪精卫百般辩解，仍难获谅解，只得于当天深夜登轮离开上海，经香港去了法国。

汪精卫的去国，是受迫于桂系，但却遂了蒋的心愿，使蒋在复出之前，就先借桂系之手，为自己扫除了一个劲敌。而桂系李、白，虽然在“张黄事变”后夺回了广州，但与张部的血拼中，北伐中声名赫赫“铁军”和“钢军”两支劲旅，在五华、岐岭等地杀得天昏地暗，双方伤亡均在万人以上，元气大伤。在宁被桂系用来支撑特委会门面的西山派诸老，也因“一一·二二复成桥惨案”遭诬，事端肇起于陈果夫控制下江诸省的党部和中央党务学校学生的反特委会活动。11月22日，南京举行“庆祝讨唐胜利大会”，大会本用来为桂系造势，但中途主题却迅速转向了对特委会的攻击，会后由中央党务学校学生打头举行了游行，一路高喊“打倒西山会议派”“打倒特别委员会”的口号，队伍行至复兴桥时，忽有军警开枪，死伤十余人。惨案发生后，西山派诸老被指为“元凶”，党务学校学生抬尸游行，要求严办

1928年1月，蒋介石在南京宣布复职，并任北伐军总司令。图为北伐军集合场面。

主使者。在汹汹来势面前，西山派诸老在南京无法存生，百口难辩下，被迫逃离。

西山派被驱与汪精卫被迫出走，都为蒋介石东山再起提供了前提，其时的国民党内敦请蒋"复职"的声浪甚嚣尘上，北方冯、阎也因在北面顶不住奉军压力，而急盼"速决内争，早日北上"。至此，桂系李、白虽不情愿，也难继续做"徒招反感"之事。12月3日，四中全会预会在沪召开。同日，蒋介石在上海对记者表示：如需要消灭共产党和继续北伐，他可以"出山"，"自信有指挥军队去扑灭敌人的能力"，"必能于最短期间消灭共产党"。至此，蒋介石东山再起呼之欲出。

国民党二届四中全会与政治分会的设立

1928年1月18日，按四中全会预会议决案，蒋介石重新上台，复任北伐全军总司令，并负责筹备四中全会的进行。李、白和西山派

国民党二届四中全会筹备处——上海宋宅。

把持下的特委会被要求在四中全会召开之前结束使命。国民党中央特别委员会的成立，是国民党各派“清共”后党内陷于分裂，一时难决胜负时的产物，其产生在国民党内既乏理论依据，历史上也无先例。桂系势力的上升主要依仗军事实力，李宗仁、白崇禧党内分量太轻，而被推在前台的西山派虽有资历，但在北伐中毫无建树，舆论对其身居要津颇多诟病。桂系与之结合，应付一时尚可，一旦蒋、汪联手，既有局面很难继续，这些弱点，都注定了特别委员会的结局。

2月2日，国民党二届四中全会在南京丁家桥中央党部开幕，会议选举蒋介石等36人为中央执行委员，张静江等12人为中央监察委员。中央常务委员由蒋介石等5人出任，蒋任组织部长、戴季陶任宣传部长、丁惟汾任训练部长。全会还通过了《改组国民政府案》，推举谭延闿、张静江、李烈钧、于右任为常务委员，谭延闿任主席。国民政府设内政、外交、财政、交通、司法、农矿、工商等部，并设最高法院、监察院、大学院、法制局、建设委员会、军事委员会、蒙藏委员会和侨务委员会等，其中军事委员会是国民政府军政最高机关，

1928 年 2 月，国民党二届四次中执会在南京举行，蒋介石复职。在稍后召开的国民党中常委第一七二次会议上，通过了《中国国民党训政纲领》。

主席一职由国民革命军总司令的蒋介石兼任。国民党和国民政府的基本框架由此确定，并初步形成了由蒋系人马实际控制国民党党政军大权的局面。

二届四中全会，是国民党在全面实行“清党”政策后召开的一次重要会议。通过全会，国民党内一些主要政治派别和“武装同志”，在一番内部较量和争斗后，依据实力调整了彼此的关系。由于蒋介石先借桂系军人之手，赶走了汪精卫，又以故意“袒汪”、镇压“西山派”，激怒了胡汉民，使其一气之下也借考察之名去了欧洲。汪、胡两巨头的先后去国，使蒋介石未费大力便成功续得国民党中央的“正统”，成为“分共”后国民党内高层权力竞逐的最大赢家。但要坐稳国民党内的领袖位子，蒋介石还需要有更大的建树。因此，实现孙中山遗愿，重启北伐，完成“统一”大业，成为蒋复出后用来号召天

坚守涿州三个月的傅作义。

涿州之战炮弹爆炸情景。

下，凝聚民心、军心的必行之举。

不过，北伐的重启，需要得到各方力量的支持。自国民党“分共”后，有民众参与的军事行动已遭弃绝，北伐军事将依靠手中握有军队的实力派军人及其武装团体来共同推进。而此时，国内革命一方可作“统一”中国凭借的基干武装，在南有蒋、桂，在北则为冯、阎两家。冯玉祥在宁汉对峙期间，虽然在“弃俄绝共”问题上站在了蒋一边，但在汉方也宣布“分共”后，即以“中立”面貌出现，对后来的蒋桂之争也未作表态。而这时因大势逆转，也已“回归革命”，加入到讨奉一方的山西阎锡山，则在“清党”问题上，与宁方立场一致，故接受了南京国民政府对他的委任，并于 1927 年 6 月 3 日宣誓就任“北方国民革命军总司令”，晋军一部也开出娘子关，并曾一度入据石家庄、正定等地，摆出欲取京津的架势。与此同时，阎锡山私下与奉张仍有接触，甚至还存有在南、北之间充当“调人”的意图。不过，因调停无果，加上地近京津，威胁到奉张之统治腹心，奉张军队出手反击，晋军被迫后退，与奉军相持于雁门、井陉一线。而

涿州之战情景。

此时南方内争加剧，阎盼援无望，遂作收缩兵力打算，所部退回娘子关固守，晋军傅作义部坚守三个月的涿州也终于放弃。冯、阎两部也因此背负了来自奉张大军的巨大压力，叫苦不迭，于是屡发通电，呼吁各派暂歇内争，合力讨奉，以解北方之危。

如今北伐酝酿重启，冯玉祥、阎锡山致电国民政府，表示愿意加入战斗序列，服从蒋总司令指挥。不过，要让阎、冯在“二次北伐”对奉作战中充分参与，也须打消他们对军队和地盘掌控的后顾之忧。蒋采取了“将欲取之，必先予之”的手法，通过二届四中全会议决，在保持原有的中央政治会议广州分会之外，又新设武汉（李宗仁）、开封（冯玉祥）、太原（阎锡山）的三大政治分会，并以中央决议赋予了这些分会在所领地区具有的党政军财大权。在“政治分会设立案”通过后，国民党内各派在重启北伐，先谋“统一”问题上取得了“共识”，由于右任在四届三中全会上提出的《为集中革命势力限期完成北伐案》获全体通过，会上一致认定，“加倍努力以促进北伐之完成，为今日不可稍缓之工作”。大会为此发表宣言，“责成军事委员会、北伐军总司令筹备全局……各总司令、各总指挥，限两个月内会师北京，完成统一”。至此，“二次北伐”的重启进入了紧锣密鼓的部署之中。

四总司令并驾齐驱的第三期北伐作战

二届四中全会宣誓，集中各“革命势力”，完成“统一”以竟全功，北伐再次成为国民党全党的主要目标。为了统一部署军事，全会一结束，蒋介石即赶赴徐州，在那里检阅了军队，随后又赴开封，与冯玉祥见面，阎锡山也派出自己的代表参与，三方共同就“二次北伐”各路军事力量的配合作以商讨。1928 年 2 月 28 日，国民党军事委员会宣布了“二次北伐”军队序列和建制：蒋介石作为北伐总司令负责指

四集團軍之總司令
COMMANDERS IN CHIEF OF
THE FOUR NATIONALIST
GROUP ARMIES

第三集團軍總司令
閻錫山
Commander Yen Hsi-shan
3rd Group Army

第一集團軍總司令
蔣介石
Chiang Kai-shek
Commander of the 1st
Group Army

第二集團軍總司令
馮玉祥
Feng Yu-hsiang
Commander of the 2nd
Group Army

第四集團軍總司令
李宗仁
Commander Li Tsung-jen
4th Group Army

四集团军之总司令：第一集团军总司令蒋介石，第二集团军总司令冯玉祥，第三集团军总司令阎锡山，第四集团军总司令李宗仁。

蒋介石携卫队在徐州黄河故道边。1928 年 3 月，军事委员会任命国民革命军总司令蒋介石兼第一集团军总司令。4 月，蒋介石渡江督师北伐，发表《北伐出发告后方将士及同志书》，并于徐州行辕通令第二、第三集团军准备总攻。

挥全局，其本人所统之军队改组为第一集团军，总司令由蒋自兼，所部下辖四个军团，以刘峙、陈调元、贺耀祖、方振武分任总指挥，何应钦任总部参谋长，另有一预备队，系张发奎的原第四军余部，现归缪培南、朱培德指挥，加入第一集团军序列，总兵力 29 万人；废除冯部西北军与阎部北方军名义，改称第二、第三集团军，由冯、阎分任第二、第三集团军总司令，继续统领各自军队。第二集团军下辖 25 个军，划为五个方面军，由孙良诚、孙连仲、韩复榘、郑大章等人分别指挥，总兵力约 31 万人；第三集团军下辖 11 个军，也有近 24 万人。加上被编为第四集团军的桂系军队，四个集团军总数近百万人。不过，其时驻湘鄂的李宗仁桂军，因与蒋宿怨未消，对此任命表现消极，直至在湘省问题上，通过软禁程潜取得对湖南的控制后，李宗仁方在武汉就任第四集团军总司令一职，之后他继续以武汉政治分会主席的名义坐镇两湖，而以白崇禧为第四集团军北进司令，将讨唐后收入麾下

蒋介石（右）与冯玉祥在柳卫车站举行会议，商议二期北伐大计。

的唐部三个军，加上由原桂军第七、第十三军中各抽出一师为基干组成一支劲旅，交由白崇禧统领，与阎、冯等作相与一致的北进。于是便有了四总司令并驾齐驱的“二次北伐”。

北伐重启既定，作战方略的制定刻不容缓。自南方北伐开始，为指导北伐军事的进行，国民党最高军事当局曾出台有两期《作战计划》：第一期作战计划，由蒋介石与苏联顾问共同拟定，为北伐出征规划了大政方略；第二期作战计划，是在打下长沙后的军事会议上制定的，此计划为北伐下一步作战确定了主攻方向。宁、汉分裂后，南方北进被迫中止，北方冯、阎两部，静观动向，作战也以保全自身实力为主。现今“二次北伐”出动在即，为协调各部行动，作相与一致的北进努力，四中全会一结束，复任国民革命军总司令的蒋介石，便于次日赶赴徐州，视察了所部在徐军队。蒋介石之后即乘晚车赴豫，与第二集团军总司令冯玉祥晤面，阎锡山也派有代表参加，共同就“二次北伐”的进兵方略做了磋商，并就协同作战的方针和步骤作了具体的部署，初步确定“二次北伐”前期作战将以“国民革命军消灭奉、鲁军阀，先行肃清直、鲁、热、察、绥境内反动军队为目的”，整个作战分两个阶段，第一阶段“须进展至胶、济路亘高唐——清河——南宫——石家庄之线”，第二阶段“须进展至山海关——承德——多伦之线”。据此，规定参战之四大集团军各自的作战路线为：第一集团军沿津浦线北上，第二、第四集团军沿京汉线北上，第三集团军由山西攻击河北。方略既定，蒋介石即返南京，做出动前的最后准备。

二、“二次北伐”的前期作战与“济南惨案”

一、二集团军东线联手展开鲁南会战

对于南方北伐的再次发动，已就任安国军大元帅的张作霖摆出了困兽犹斗的架势。由于奉张军队之前并未遭遇大战，故实力尚存，加上孙传芳等余部来投，张作霖便将手下的军队扩充为七个方面军团，分由孙传芳、张宗昌、张学良、杨宇霆、张作相、吴俊陞、褚玉璞担任军团长。每方面军团下辖三至五个军，每军辖三至四个师，计有兵力60余万，对外号称“百万之众”。为应对南军北伐重启，并防止冯、阎两部对之的合击，张作霖采取了区别对待、攻防结合的策略，即：对津浦路方面南军取守势，对北方的冯、阎方面则取攻势。其具体部署为：任命孙传芳为第一方面军军团长，防守济宁一带；张宗昌为第二方面军军团长，负责据守鲁南；褚玉璞为第七方面军军团长，防守鲁西一带；张学良、杨宇霆所部第三、四方面军团，取攻势，担任对阎、冯的作战；张作相为第五方面军军团长，负责攻打晋北；吴俊陞为第六方面军军团长，为全军总预备队。1928年2月上旬，张作霖在京召集由安国军诸将领参加的紧急会议，按前之部署，下令以三、四方面两个奉军军团为主力，由京汉线攻晋，褚玉璞的第七方面

何应钦感谢摄影记者为北伐军拍摄纪录片。

军团由河北大名反攻，以防冯部援晋；再以孙传芳在鲁西的第一方面军团相机出陇海路攻冯，以此截断冯玉祥和南京军队的联络，希望在南军北上之前先行解决北方阎、冯。

由于奉军加大了对晋、豫两省的攻击，北方冯、阎均连连去电南京，促其早日出兵应援。4月5日，南京举行誓师大会，蒋介石以北伐总司令名义宣读《北伐誓词》，“二次北伐”正式启动。7日，按既定部署，国民革命军第一、第二、第三集团军同时下达了向北军开战的攻击令，战事随即在京汉、津浦、京绥三线同时展开。针对当时奉军集中其主力进攻山西、河南，国民革命军采行了“声西击东”之策，即令京汉、京绥的第二、三集团军暂取守势，诱奉张主力于西线，仅以冯之一部作佯攻状。以东路为主攻方向，采两翼包围之策，由蒋之第一集团军担任主力，出兵后迅速沿津浦线北进，二集团军冯之一部则从西边攻入鲁境，共同压迫鲁省之张宗昌、孙传芳两部，于

1928年4月7日，蒋介石下达第二期北伐动员令，并挥师北上，在山东境内迅速推进。图为蒋介石在界河前线接阅战报。

汶河以南地区歼灭之，实现鲁南会战的目标。

总攻击开始后，沿津浦线北进各部进展顺利。第一集团军参战部队除原已在徐州前方的何应钦所部外，有新到的缪培南第四军，方鼎英四十六军，与卫戍淞沪的三十七师熊式辉部，原驻赣的朱培德部亦抽调有一部加入，故攻势凌厉，10日克郯城，迅即向前推进，日照、临沂依次攻下，韩庄、临城相继收复。在津浦线以西配合作战的二集团军孙良诚、马鸿逵、石友三等部，也由豫入鲁，19日攻克兖州，22日入据泰安。尽管直鲁军统帅张宗昌在战前曾发出豪言，称“当携榇以赴战线，决与冯、蒋拼一死战”，但面对来自国民革命军的两面攻势，却无力抵挡，只好退守济南。原驻鲁西打算参与攻冯之孙传芳部，为了援张，将其集结于苏鲁边境丰、沛一带的重兵，转向第一集团军左翼发起攻击，欲袭取徐州，以断国民军后路，结果与蒋介石第一集团军之贺耀组、夏斗寅、张克瑶等部发生激战，拉锯数日，孙部略有小胜，却又遭迅即增援的第二集团军石友三部攻击，被迫后退，徐州转危为安。这时第二集团军的孙良诚、方振武部，乘孙传芳南下

1928年4月4日，第一集团军从津浦路进攻，17日攻下滕县界河。图为蒋介石在滕县前线点阅北伐军。

攻徐，围魏救赵，派兵直捣孙传芳指挥部所在地济宁，孙传芳被迫回师，双方主力在济宁附近展开大战，孙部主力遭重创，不敢恋战，撤往济南。鲁南会战完成预期目标。

二、三集团军的西线攻防与彰德战役

在鲁南会战进行同时，第二、三集团军冯、阎部队与奉张军之间激烈的攻防战也在西线晋、豫两省大规模展开。激战最烈的当属冯玉祥所部对奉军精锐张学良、杨宇霆第三、四方面军团的彰德会战。按照预定的作战计划，在“二次北伐”启战时，冯玉祥在河南的军队将沿京汉线向奉军佯攻，将奉军主力吸引，为进入山东的第一集团军专门对付孙传芳等军争取时间。冯玉祥乃于1928年3月7日移驻豫北新乡，并故意做出种种进兵的态势。此计一出，奉方果然确信冯军即将大规模北上，决定予以迎头痛击。故在将阎锡山军队逼入山西并对其进行封锁后，自3月下旬起，即将奉军最精锐的第三、四方面军团及所配置的飞机队、钢甲车队、坦克车队悉数南调，积极进攻彰德；与此同时，在京汉路上之保定、石家庄以及大名、东昌一带也集结了相当兵力，向南乐、观城、濮县一带进攻，谋以此切断第一、二集团军之联络。为拖住奉军主力，冯玉祥严令部下拼命死守，“退一步者杀，进一步者杀”，在奉军精锐部队的攻击下，战事进行得异常惨烈，彰德城内房舍尽毁，沿途各车站都积满死伤士兵，一场大战下来，第二集团军伤亡过万，仅韩复榘军中就伤师长三人、旅长两人，韩本人也受了伤，但仍然坚守不退。奉军何柱国师以 28 门大炮、4 辆轻型坦克助攻，也未能实现攻占目标。正在双方进行激烈拉锯战之时，鲁南会战已完成对济南的合围，奉军见东线已失，无法救援，为了保存实力，乃准备撤军。4 月 28 日，冯玉祥见济南方面大局将定，为不失时机，下令所部对奉军各翼进行全线反攻，并派便衣队扰其后方，还将以前豫东大战时缴获的重炮、装甲车、坦克等重武器投入战斗，将奉军逼回河北。

在彰德战役进行得异常惨烈之时，山西的第三集团军也在与奉军鏖战。“二次北伐”再启后，张作霖为迎战南军北上，先发制人，出动大军，进逼山西，晋、奉两军在获鹿附近大战，双方死伤甚重，形成拉锯。四月上旬，彰德战役开始，奉军欲调大批军队南下攻冯，因担心晋军由井陉、昔阳方向出击断其归路，仍不得不配置重兵于晋东南，从而牵制了大量奉军，有力地支持了冯部在豫省的作战。4 月底，第二集团军在彰德展开反攻，奉军在冯军的凌厉反击下开始溃退，津浦线方面战事也已有定，拿下济南指日可待。阎锡山见胜券在握，也于 5 月 1 日向所部下达了平山方面的出击计划，以击破右路当面之奉军，进据京汉铁路并援助冯玉祥部，同时占领石家庄。5 月 3 日，第三集团军的攻击开始，战况进展顺利，所部连连得手。9 日，军事要冲石家庄复为阎部占领。

“济南惨案”的发生与绕道北进

4 月 21 日，北伐各军会师济宁，蒋介石也与冯玉祥于野鸡岗晤面。23 日，蒋介石亲临兖州，了解直鲁军在鲁北的情况，决定执行攻济计划。25 日，第一、二集团军各部均按计划到达预定地点，并迅速完成了对济南的包围。而此时济南城中的直鲁军已如惊弓之鸟，孙、张见周边大汶口、界首、肥城、张夏、泰安等地尽失，深知济南绝无久守可能，于是都有弃城而去的打算。张宗昌率先开溜，孙传芳闻之，也随之集结余部，部署撤离，仅留下少量部队担任掩护。至 30 日，济南已成空城。5 月 1 日，北伐国民军进入济南城，河南方面的第二集团军一部也已进抵直隶南境，鹿钟麟部由直隶向南抄袭德州，阎锡山的第三集团军亦已兵分两路，南路克石家庄，北路沿京绥线进展，一切似都在计划之中。然就在此时，一心利用中国内乱逞其侵华野心的日本，却以“护侨”为名，再次出动军队，制造了骇人听闻的“济南惨案”。

日本对华垂涎已久，中国的山东、华北一带也一直被日本视为利益所在而极力加以扩张的地区。一年前，南京方面国民革命军一部北

1928 年 5 月，进入济南车站的北伐军。

1928 年 5 月，济南街头的北伐军士兵。

1928 年 5 月 1 日，济南，齐鲁大学的学生在街头准备茶水和热水招待北伐军士兵。

1928 年 5 月，济南，为欢迎北伐军，学生们携带旗帜和标语准备开始游行。

济南惨案

1927年6月27日，日本田中内阁召开“东方会议”，确定了把“满蒙”同“中国本土”分离开来的方针，制定了先政府“满蒙”，再政府“支那”的计划。右三为日本首相田中义一。

日本内阁总理田中义一。

上逼近鲁境，日本新上任的首相田中义一就曾出兵山东，以示威慑，并在其后不久召开的东方会议上，制定了《对华政策纲领》，确定了将“满蒙”与中国本土相分离，并以“武力干涉中国内部事务”为中心的新对华政策。而蒋介石因在“四一二”时曾得日本币原外相之助，对日仍抱有希望，去职后不久，即前往日本，拜会田中等日本政要，指望从田中那里取得对其“统一中国”的支持，结果失望而归。对蒋来说，北伐实其政治生命所在，若无此号召，他在国民党中的领袖地位必不能保。故从日本归来后，他一方面忙于复职，一方面又派张群再次赴日疏通。但田中显然一心想乘中国内乱中渔利，不愿看到中国分裂局面的结束。而今“二次北伐”正式出动，眼见中国的“统一”在即，田中便不顾一切，再次悍然出兵阻挠。

1928年5月的济南，欢迎北伐军的游行。

被日军残杀的外交官蔡公时。

日军福田第六师团是5月2日上午12时开进济南的，距国民革命军第一集团军所部进入济南仅两小时。日军进城后，即在城中商埠周围架起机关枪、大炮，设置铁丝网、沙包，并到处张贴污辱、挑衅性标语。为防止发生冲突，蒋介石派人告知福田，北伐军必将保证日侨安全，为避免出现流血事件，希望能将驻济日军撤出，但为福田所拒。5月3日上午，中国方面送一名生病的士兵前往附近的医院就医，途中为日兵所阻，故意肇事的日军当即扩大事态，派兵将城中北伐军一部缴械。该日下午，日军开始出动兵力占领邮政局、电报局，在日军的炮击下，中国军用电台被炸毁，守台士兵全体阵亡。是夜11时，日兵又借口中方交涉署门前发现日兵尸体，强行收缴交涉署的枪械，将战地政务委员会外交处主任兼山东交涉员蔡公时及署内全体职员捆绑起来，以极其残忍手段全部加

日军据守北关附近的一段城墙，向城内中国军民射击（1928 年）。

1928 年 5 月 3 日，一千六百多名中国士兵遭突然袭击，被日军俘虏后捆住双手拘押在邮政局院内。

1928 年 5 月 11 日，占领济南的日军第六师团四十五联队在被其炮火炸开的北关附近城墙豁口下举行庆祝仪式。

日军在济南商埠道口设置街垒，对中国军民射击。

攻占济南城后的日军在城门上欢呼胜利。

“济南惨案”中在城中修筑工事射击中国军民的日军。

以杀害，是为震惊海内的“济南惨案”。

对于日人暴行，蒋介石采取了隐忍的态度，为避免事态的进一步扩大，蒋一面派人去与日方交涉，一面下令所部一律不得还击，并于5日将主力部队撤出济南，把自己的总司令部也迁到泰安。但日人并不就此罢休，反诬中国军队有“暴行”，再次向山东增兵，福田还于7日向中方发出“最后通牒”，要求惩办抵抗日军的中方高级军官，中国军队须撤出济南、取缔辖区内一切反日宣传等条款，限蒋介石12小时内答复。尽管蒋对此几乎照单全收，日军仍然于8日晨再次对济南城发起了总攻，城中尚未撤出的中国官兵奋起抵抗。日军利用炮火优势，对城区进行狂轰滥炸，造成中国军民死伤。当时济南及附近的北伐军有4万余人，日军约3500人，但蒋介石权衡得失，面对日本的侵略暴行，仍采取了“含垢忍辱”的退让政策。10日，蒋电令城中留守的苏中辙、李延年部于次日凌晨突围。11日晨，日军占领济南。

在济南城被攻占的前一天，蒋介石在他的兖州指挥中心召开了党政联席会议，参加者除6日已赶来山东的冯玉祥外，还有从南京赶来的谭延闿、吴稚晖等党政一应要人。这是一次重要的会议，它确定了在日本军国主义武力干涉之时，南京国民政府将奉行的“忍辱负重，绕道北伐”的基本方针：第一，决定对日继续退让，满足日军的全部要求，由外交当局负责与日交涉；第二，在军事方面，否定了退回长江以南，与奉张集团“划江而治”的建议，认为放弃继续北进，正中日本下怀，只要继续北伐，统一全国指日可待。由于兖州会上有关各方就“济南惨案”后的北伐方略基本达成了共识，国民政府重申了完成北伐令，北进各军奉命绕道渡河北进。在遭遇了“济南惨案”后，国民革命军的绕道北进，就“二次北伐”尽快实现“统一”的目标来

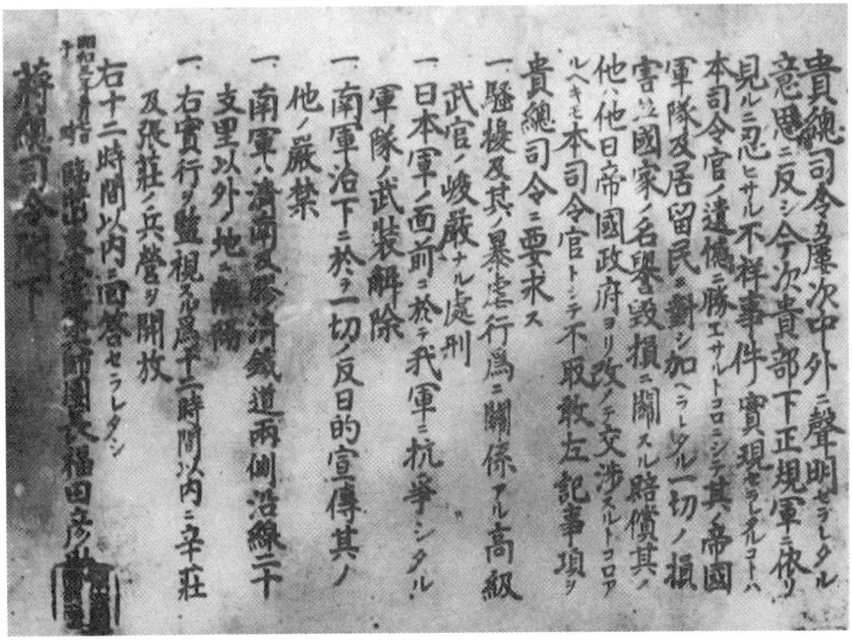
貴總司令カ屢次中外ニ聲明セラレタル
意思ニ反シ今次貴部下正規軍ニ依リ
見ルニ忍ヒサル不祥事件實現セラレタルコトハ
本司令官ノ遺憾ニ勝エサルトコロニシテ其ノ帝國
軍隊及居留民ニ對シ加ヘラレタル一切ノ損
害竝國家ノ名譽毀損ニ關スル賠償其ノ
他ハ他日帝國政府ヨリ改メテ交渉スルトコロア
ルヘキモ本司令官トシテ不取敢左記事項ヲ
貴總司令ニ要求ス
一、騷擾及其ノ暴虐行爲ニ關係アル高級
武官ノ峻嚴ナル處刑
一、日本軍ノ面前ニ於テ我軍ニ抗爭シタル
軍隊ノ武裝解除
一、南軍治下ニ於テ一切ノ反日的宣傳其ノ
他ノ嚴禁
一、南軍ハ濟南及膠濟鐵道兩側沿線二十
支里以外ノ地ニ離隔
一、右實行ヲ監視スル爲十二時間以内ニ辛莊
及張莊ノ兵營ヲ開放
右十二時間以内ニ回答セラレタシ
昭和三年五月七日午後四時
臨時山東派遣軍第六師團長福田彥助
蔣總司令閣下

日军司令福田彦助向蒋介石发出的最后通牒。

说，当为必要之举。然而北伐曾以“打倒列强”为口号，如今面对日人凶残暴行，作为国民革命军统帅的蒋介石却能隐忍如此，无疑成为南京国民政府转换对外方针的一个注脚。

三、北伐军进抵京津

奉军的撤退与皇姑屯事件

兖州会后，国民政府重申完成北伐令，同时对各集团军的北进步骤作了重新部署：第一集团军一部绕道渡河，继续沿津浦路北进；第二集团军沿津浦路以西、京汉线以东地区向北推进；第三集团军分别由京绥线与正太线向东，在京汉线会合后转向北进；第四集团军加入北上作战，沿京汉线北进与阎锡山部会合。在这一部署下，北伐军第一集团军遂从齐河、东昌一带过河，继续北进。不久即克德州，进入直隶境内后，迅速扩张战果，依此克复东光、沧州、马厂而直指津沽。第二集团军主力则穿过直隶腹地，越过河间，直趋京畿。第三集团军也兵分两路：一路于5月25日攻下张家口后，再夺怀宣、南口；一路则与挥师北上的第四集团军会合，于30日攻克保定，而后沿京汉路直逼京畿。张作霖至此已势穷力蹙，所部了无斗志，张虽屡作“罢兵议和”之谋，亦不可得，自知在关内难以久据，遂作撤回关外之想。

张作霖返回东三省，对此时已将东三省视为己物的日本人来说，是十分不愿的。日本早就企图乘张作霖掌握北京政权之机，向他索取满蒙权益，并曾多次放话试探，都被张找借口推却。“济南惨案”后，满铁总裁山本条太郎再次到北京求见张作霖，意图趁火打劫，逼迫张在1927年秋季所约定的满蒙五铁路建设协定的细目案上签字。日使芳泽谦吉也面见张作霖，用威胁加利诱的手段，欲使张作霖接受中日共同经营南满铁路等条件，并称张氏如果答应，日本即使用各种力量协助，甚至动用武力易服出兵助其作战，令其与南京的革命政府划江分治。而这时的张作霖虽然日暮途穷，但坚决不为所动，以此显示了他政治性格中的另一面。5月18日，日本再次以觉书（外交文书）形式对南、北两政府发出将在东北采取军事行动的威胁。对此，张作霖答复“东三省及京津为中国领土，主权所在，不容漠视。盼日本鉴于济南惨案，勿再有不合国际惯例措置”。同时发表宣言，指出日本此举违背华盛顿会议立场，亦有诉诸国际评裁的涵义。日本对之十分恼火，但又无可奈何。直到张作霖准备离京的前一天，日使芳泽谦吉再次密访张作霖，欲劝张接受日本条件，声言否则对他不利。张作霖回道：“日本人不够朋友，竟在人家危急的时候，掐脖子要好处，我张作霖最讨厌这种办法！我是东北人，东北是我的家乡，祖宗父母的坟墓所在地，我不能出卖东北，以免后代骂我张作霖是卖国贼。我什么也不怕，我这个臭皮囊早就不打算要了！”芳泽谦吉遭此回应，会谈不欢而散。至此，日本视张作霖为其攫夺和掌控东北的大障碍，必欲去之而后快。

张作霖

奉军败退后西苑驻兵处一片荒景。

奉军退出北京时的情景。

当张作霖乘坐的火车行驶至三洞桥时，预埋的炸药突然爆炸。

1928年5月28日，北伐各集团军相继进抵京、津市郊，第一集团军经沧州进抵静海，第二集团军攻克肃宁、永清、固安，进据南苑，第三、四集团军保定会师后，又沿京汉线开进长辛店，对京包围之势已成。张作霖见大势已去，于30日晚在官邸召开最高紧急会议，张学良等军政府最高官员出席。会上张作霖接受各将领的劝告，决定以大元帅名义下达总退却令。6月1日下午，张作霖在怀仁堂举行茶话会招待各国公使，即席声明将撤离北京，同时说明撤离北京后，北京秩序请北洋元老王士珍组织京师治安维持会，声明奉军虽撤防，仍将尽力维持北京治安。6月2日，张作霖通电全国宣布退出北京。6月3日，张作霖按计划，率卫队离京返奉，国务总理潘复、参谋长于国翰及日本顾问等同行，杨宇霆、张学良等奉军关内主力，也开始向山海关集结，作撤回关外的准备。6月4日，张作霖在由北京返回奉天途中，专车路经皇姑屯车站，被日人所埋地雷炸毁，张受重伤，返回沈阳后死去。

对京、津的和平接收

皇姑屯事件发生后，奉军在关内的军队已无心恋战，加快了向关外撤退的步伐。1928年6月4日，也即皇姑屯事件发生当日，蒋介石以国府名义下达了以阎锡山为京津卫戍司令的任命。为得进京之先机，阎锡山下令所部全力向北京进发。6月8日上午，第三集团军的先头部队孙楚部最先入城，商震随后率部入驻。而此时的北京城中，已青天白日旗高悬，治安会及商会总代表、党部及学校代表等早赴城外等候，民众拥立街头手执旗帜，高呼“欢迎武装同志”口号。11日，阎锡山与白崇禧联袂进京。因得蒋“全权处理京津善后事务”之大权，进京后的阎锡山，以部将张荫梧、傅作义分任北京、天津警备司令，一方面完成在京的交接，另一方面就攻占天津计划作出了部署。

而此时的天津方面，守城的张宗昌、褚玉璞所率直鲁联军，因奉

青天白日之下之北平街道。

北平故宫中崇禧门前之白崇禧总指挥。

军主力的撤退而处于何去何从的焦灼之中，于是他们派员与阎锡山联系，接洽和平移交天津事项。双方达成协议：直鲁军撤往滦河，北伐军不作追击；为保证天津城内的秩序，北军留下一个团归傅作义指挥，帮助维持天津秩序。11 日晚，张、褚将直隶督办公署及各机关一切事物移交阎锡山派来的代表南桂馨，二人随即离津而去。12 日，傅作义正式就职天津警备司令，天津成功换旗。

北京、天津的接收以和平方式完成，文明古都北京与北方重要港口天津因之得免战火毁坏，这是国民党军队“二次北伐”的最重要胜利。京、津和平接收后，国内大部地区名义上已为革命势力掌控，尚存于东北及其他边远地区的军阀政权，均属地方区域性的小政权，全国“统一”局面大致形成。6 月 15 日，南京国民政府向全国发出通电，宣布“统一告成”。20 日，南京国民党中央政治会议做出决议：改直隶省为河北省，旧京兆各县并入河北，北京更名为北平，并将北平和天津列为特别市。至此，民国北京政府时期告终，其中央政权的法统地位也被南京国民政府取代。

张学良的东北易帜

皇姑屯事件后，奉系首领们鉴于事态严重，对张作霖的死讯严密封锁。少帅张学良在接到其父被炸身亡的消息后，处变不惊，为防再生意外，他乔装成士兵，秘密潜回沈阳。奉系内部经过协商，决定由张学良“子承父业”，负责主持未来东北军政事务。1928 年 6 月 20 日，张学良就任奉天军务督办。次日，张学良正式公布张作霖去世的消息，并成立丧礼筹备处，当日全城下半旗，停止一切歌舞。7 月 3 日，东三省省议会联合会公推张学良为东三省保安总司令兼奉省保安司令。

奉军撤回东三省后，如何解决东北问题，成为各方关注的焦点。

张学良戴孝检阅部队。

蒋介石明白，要使青天白日旗飘扬于黑土地，决不能单凭武力解决。因为彼处不仅有大量的东北军，还有驻扎在此的日本关东军。于是，南京国民政府对张学良展开了强大的“和平统一”攻势，一面秘密派人前往东北与张学良取得接触，一面公开致电奉军将领，提出东北“易帜”的三项原则：以政治手段为三省人民谋福利；对三省新旧两派兼容并存；以公正的办法妥善处理三省的政务军事。而日本方面则对张学良采取了既拉又压的策略，先是表示愿助张学良牵制南方，在获知张学良与南京有接触后，又改行高压政策，表示张学良必须承认张作霖生前与日本签订的所有条约，日本才承认张学良的地位。7月16日，日本驻奉天总领事向张学良转交田中义一的信，称“东三省仍宜取保境安民政策，不特精神上不必实施三民主义，即形式上亦不必与关内认同”。7月底，日本政府以“吊唁”张作霖为借口，特派“吊唁特使”到东北向张学良施压，要张学良听从“劝告”，停止与南京的合作，否则“日本将自由行动，会发生重大事态”。而这时的奉系

张学良的代表杨宇霆与白崇禧在滦州会晤，就东北易帜、滦东军事善后诸事进行商议，双方同意恢复津奉交通，即日通车，关外车辆归还一小部分，易帜事因外交关系尚须从缓。图为白崇禧与杨宇霆在滦州合影。

内部参与决策的高层人物，在讨论“易帜”问题时意见也不一，面对异常复杂的内外局面，年轻的张学良审时度势，做出了准备与南京国民政府合作，拥护“统一”的重要决定。于是他致电蒋介石等人，表示自己决不妨碍统一，并派出代表赴北平、南京，与国民政府的代表磋商“易帜”的具体步骤。

因担心内部有阻力，也恐日人会趁时局未稳进行干涉，张学良虽有与国民政府合作的态度，但表示“易帜”之事须缓议。对此，蒋介石表示理解，在接见奉方代表时蒋称，以三民主义统一中国，是自家人办自家事，只要东三省“易帜”，服从三民主义，南京方面绝无其他主张。对于张学良的困难处境，南京方面在坚持原则的基础上，予以充分的同情与谅解。蒋并向张学良派来的代表表示，东北外交由中央应付，同意东北“内政”仍由现职各员负责，概不更动。重大人事，先由张学良请委，然后由中央任命。蒋介石每月允拨军饷1000万元给奉军，这样更坚定了张学良“易帜”的决心。为表示与南京方面的合作，张学良对株守滦河地区不愿接受改编之张宗昌、褚玉璞之直鲁军，采取了严防其进入关外的措施，并与追歼滦河之敌的国民革命军白崇禧部达成默契，在北伐最后一战中协助白部解决了滦河地区之直鲁残军。

白崇禧

1928 年 9 月 23 日，白崇禧在滦州指挥革命军肃清张宗昌、褚玉璞残部，返唐山受到特别党部欢迎。

奉天易帜时的张学良。

1928 年，涿州前线的万福麟，时任奉军第八军军长。

张学良东北军易帜。

1928年11月，白崇禧摄于北平。

1928年12月底，张学良在准备就绪后，于29日向全国发出“易帜通电”，宣布东三省即日起“遵守三民主义，服从国民政府，改易旗帜”。12月31日，国民政府正式任命张学良为东北边防军司令长官，张作相、万福麟为副司令。东北的地方事务仍由张学良主持，各级官员依东北方面提出的方案由中央政府加以任命。同时，改奉天为辽宁省，将热河省划归东北地方政府管辖。易帜实现后，中国的南北“统一”在形式上终告完成。

1929 年编遣会议结束时合影。

第八章

北伐告成和尾声：在同一面青天白日旗下

一、"统一告成"后的纷争再起

"南苑风波"与"换帅之议"

在北伐第三期作战中蒋介石的第一集团军担任津浦线方向的攻击任务，由于当面之敌为张宗昌、孙传芳的直鲁联军残部，而联军又因一再受挫，已如惊弓之鸟，战斗力大为削弱，较之对付奉军要容易得多，故蒋介石在对"二次北伐"部署中把第一集团军主力留在了后方，参加津浦线攻击作战的嫡系部队仅为刘峙的第一军团，配之以贺耀组、方振武的第三、第四军团；而桂系李宗仁、白崇禧之第四集团军，因在两湖地区，在"二次北伐"中，属于战略预备队性质，北进之一部也主要以收编的唐生智部为基干，加上保存实力的考虑，他们有意与蒋在湘鄂问题上讨价还价，军队的出动较之其他三个集团军迟了近一个月，故在"二次北伐"中，虽在北上后屡有建树，但较之冯玉祥、阎锡山逊色不少。作为"二次北伐"的主力，冯玉祥的第二集团军在北进作战中既要策应东线作战，又要在京汉线上面对奉军之主力的顽抗，进军路线关隘重重，不仅进攻路线长，地域也最广，作战任务极为艰巨，消耗极大；而阎锡山的第三集团军，作战对象虽也为奉军主力，但有第二集团军作呼应，进退裕如，战略地位较冯为优。故论功行赏，担任北进总指挥的冯玉祥，自忖必拔头筹，尤其在北伐各路大军完成对京、津包围后，“先入关者为王”，谁能抢得入城之头功，即意味着占得入主这一地区的先机，于是并驾齐驱的四大集团军都打起了自己的算盘，冯更是志在必得。

韩复榘

不过，冯玉祥的算计很快落空。正当冯部之前锋部队韩复榘部二万余人，连续三昼夜急行军八百里直扑北京时，蒋介石却于 1928 年 5 月 29 日亲抵柳卫，给冯部下达了“进至静海——胜芳——永清——固安——长辛店一线后，停止待命”的指令。30 日，蒋又赶赴石家庄。紧接着，阎锡山被蒋任命为京津卫戍司令，负责“全权处理京、津善后”。蒋对此的解释是“京、津外交关系复杂”，冯性情刚直，易与外人发生冲突，而阎原来与奉方和日本关系都比较密切，为避免“济南惨案”重演，乃以阎为“和平接收京津的理想人物”。这让冯玉祥十分不满。

北京和平接收后，晋军进城受到市民、商会、各界热烈欢迎。在阎锡山视事后设在铁狮子胡同的卫戍司令部门口，更是车水马龙，他一会儿通电各集团军，宣布就职，一会儿举行记者招待会，宴请登报，迎来送往，出足风头。而冯玉祥却受到冷遇，所部被拦在京郊，不能入城，于是一肚子恼火，便指使驻京郊南苑的部将韩复榘，将在京负责办理和平交接事务和维持秩序任务后撤出的奉军一部鲍毓麟旅缴械。由于北京是和平交接在前，奉方曾得南京方面保证该旅安全的承诺，并由北京外交使团担保，鲍旅是奉系著名卫队，兵精械利，在维持北京治安中颇得好评，而今却成为了冯玉祥的出气筒，以致引起北京公使团严重交涉，闹出一场不大不小的外交风波。

此事发生后，蒋介石见冯部不受约束，号令难行，乃施以退为进的手法，以“北伐完成”为辞，表示“要把军权奉还政府”，实际上是以此姿态将冯一军。蒋的这一招果然生效，因这时的阎锡山和白崇禧均以冯玉祥为日后在北方扩展的主要对手，故纷纷对蒋之“卸职”作出挽留，南京国民政府和中央党部也电请蒋总司令留职，在一片挽留声中，冯也不得不向蒋做出“弟不打消辞意，本人不敢独留”的表示，并电令正在前进的鹿钟麟部停止进军，将自己迫近京、津之所部撤至固安、静海驻扎，蒋这才称“打消辞意，对军事负责到底”。

蒋介石的“卸职”姿态并非本意，作此表演，一是要让各实力派领袖认同其“统帅”地位，二也有“以身垂范”，希望阎、冯、李等跟进，功成而不自居，将兵权归柄中央的示意。不过，蒋的这一心思立即为各实力派领袖看破，这时的冯、阎、桂彼此间提防很深，且谁也没有独占鳌头的实力，蒋正是吃准了这一点，才设法让参与对奉作战的冯、阎、桂三支人马，在抵达京津后彼此侧目，自己则从中渔利，设法控驭大局。因此，无论是“南苑风波”还是“换帅之议”，均表明在对奉战事尚未取得最终胜利时，作为“二次北伐”主力的实力派军人彼此间已芥蒂横生，并已开始为日后的争夺布局，此后在同一面青天白日旗下，各路势力一争高下的竞逐将无可避免。

北伐告成后再演“定都之争”

由于“统一”告成，作为“大一统”中央政府所在地的“首都”

设址问题，就显得迫切起来。首都在传统意义上代表了政治的中心，蒋介石在南京建立政权时，曾被武汉国民政府指为“叛逆”，宁、汉之间为争党统吵得不亦乐乎。虽然最终蒋介石战胜了对手，不仅下野后终得复出，其建立的南京政权也通过二届四中全会在党内取得合法地位，但蒋深知自己的“领袖”地位，在国民党中远未得到广泛认同。尤其在跟他一样掌控军队的“武装同志”眼中，蒋虽“位居主帅之尊”，却是“德性、涵养，不逮远甚”。何况，在与他一样“革命”起家的其他几路“英雄”面前，蒋也实无显赫战功可摆，唯一能把这些“武装同志”比下去的，就是他比其他几位先一步追随了孙中山的革命，这使他自认“革命领袖”非他莫属。而今，南北是“统一”了，但天下“定于一”的问题已接踵而至，而这个“定于一”的首都建在哪里，哪里就将是未来的政治中心。换言之，谁能控制首都，谁就能取得高人一等的“中央”的地位，并可以充分凭借这一权威的象征符号，“挟天子以令诸侯”。为此，国民政府才宣布“统一告成”，一场围绕定都问题的争论，就在南北各大报章上喧腾了起来。

作为北方的两大军事实力派冯、阎之间虽互有成见，彼此戒心很重，但在定都问题上，意见却很一致，二者都是以北京为首都的竭力主张者。他们认为北京为元、明、清以来的传统首都，也是民国北洋统治时期全国政治、经济、文化、教育中心，得京、津者得天下。历史上凡是在此建都的皇朝，都很兴旺发达，为长治久安起见，以北京为首都理所当然。而南京历史上则为六朝金粉之地，有“偏安之都”“短命王朝”之说。加之，地近上海，腐败萎靡之气太重，非建都之合适地点。而沪宁报刊则刊文大谈南京是中山先生生前指定的首都，总理的遗训不能违背，首都所在地决不能改变。于是南北文人竞相舞文弄墨，引经据典，各执一说，互不相让。透过这些冠冕堂皇的论调，人们不难看出其时南、北军人，尤其是蒋与冯、阎间，尽管已在同一面青天白日旗下，却都意识到下一步最高权力的获取刻不容缓，并因此展开博弈。

不过，国民政府是以继承孙中山作为其政治统治合法性依据的。南京为孙中山临时政府所在地，胜利后定都南京象征着国民党统治法理的再次确定。再者，北伐毕竟是由南而北进行的，定都南京具有象征意义。因此，这场争论在南京一方搬出“总理遗训”后，便压住了反对意见，北方报刊这才偃旗息鼓。“定都之争”是北方实力派的阎、冯与蒋介石之间政治角力的一场前哨战，定都南京的结果，实际也预示了未来对党国“最高权力”的争夺中，蒋介石可作凭借的党中资源，要比他北方的对手冯、阎明显高出一筹。

“祭灵大典”与“裁兵之议”

国民军平定京、津，实现了“二次北伐”所期的作战目标，国民政府以胜利者的姿态，向海内外宣告北伐成功。1928 年 6 月 12 日，国民政府发布对内宣言，宣布“结束军事”，“开始训政”。为了显示自己才是孙中山的正宗继承人，也为召集各军事领袖赴北京共商军事善后，在国民革命军进入北京后，蒋介石便以中央政治会议的名义，决定要在北平为孙中山举行祭奠，以“告慰总理在天之灵”。而外交“风波”以后，冯玉祥托病不问政事，以示对蒋、阎等人的不满。李、白桂系则对蒋嫌隙未消，冷眼旁观。为实现下一步意图，蒋介石专程绕道武汉、开封，亲邀李、冯一起北上，四总司令这才在北平聚首。

7 月 6 日，参加北伐的各总司令、各路总指挥齐集北平香山碧云寺，举行祭灵大典，向孙中山先生灵柩祭告“统一大业完成”。在祭灵大典上，蒋以完成北伐的总统帅身份担任主祭，冯、阎、李则为襄祭。当施礼毕、打开棺盖、瞻仰遗容时，蒋突然抚棺痛哭，而且越哭越伤心，这让在旁的三位襄祭人身份难堪，当场有人低语：“这才显

1929 年 6 月下旬，蒋介石在北平与孔祥熙、宋霭龄夫妇及其女，以及赵戴文等人合影。前排左一为孔祥熙、左三宋霭龄，后排左一赵戴文、左二蒋介石、左四陈布雷、左五周佛海。

1928 年 7 月 6 日，国民党要人在北平西山碧云寺孙中山灵柩前举行北伐成功告慰祭。

1928 年 7 月 6 日，蒋介石在北平香山碧云寺孙中山灵前举行北伐完成祭告典礼。图为参加祭灵典礼的各路军总司令、总指挥在祭灵后合影。前排右起：鹿钟麟、李宗仁、蒋介石、冯玉祥、阎锡山。

1928 年 7 月 6 日，蒋、桂、阎、冯四总司令一起前往参加祭灵大典。

出他是嫡系呢，我们都不是！叫他哭吧，我们走！”后来在冯的安慰下蒋这才止住了哭声。

其实，蒋介石费尽心思把冯、阎、李都召来北平，用祭灵凸显自身“继承人”地位只是目的之一，此外他想借此机会抛出计划已久的“裁兵之议”。就在祭灵大典进行的同时，蒋介石的妻弟宋子文正在上海召开全国经济会议，由于长期战乱，人心望治，这次会议打出了“以节约开支搞建设”的旗号，在国内大造“裁兵”舆论。而北京祭灵刚一结束，蒋便不失时机地向他的对手抛出了要求贯彻“裁兵”主张的《军事善后案》，此案一出立即遭到众人抵制。冯玉祥早就有备，北上参加祭灵时就向外界公开发出了一份《七五时局通电》，大谈自己的一套“裁兵见解”。李宗仁则以“兵工政策”应对，提出裁兵标准“应先将有枪械者编成一种，其枪枝之坏者，又编成一种，无枪者则命其归工”。桂系另一将领白崇禧自告奋勇，愿率桂军十万到甘肃、青海戍边，“为推行兵工政策作示范”，这更让蒋介石难以接受。于是各吹各的号，各唱各的调。蒋一时无法使这些军人就范。

“二次北伐”采取了与广州北伐时完全不同的方式。广州北伐时，依赖路径军队作战固然是主要的，但士气却由“主义”来激励，民众也由“主义”来唤醒。而“二次北伐”则不然，尽管“主义”并未放弃，旗帜也未收起，但军队从将佐到士兵，都已不再为“主义”而战，只是听命和效忠于为自己发饷的军事领袖而已，这跟北伐讨伐的对象——北洋军阀已无甚区别。而那些负责北进作战指挥的军事领袖，其作战方略，固然以击败北军为目标，但重点却悄悄放在了“打下天下”后“坐天下”的诉求上。因此，“二次北伐”尽管中途有“济南惨案”发生，但从正式开战到宣布大功告成，所用时间数月而已，可谓“用力少，为时短”，因此“天下告一”后，分举却不合谋的各方，立即打起了各自的算盘。尤其是蒋介石，因急于谋得各方对其“共主”地位的认同而过于操切，施出了“强干弱枝”的手段。虽然削平山头终不可免，但为此所花时间、精力甚巨，直至这一政权在大陆统治的结束，也终未如愿。

二、各地军阀的换旗和党国体制下的军权至上

首鼠两端的西南云、贵、川地方军人加入北伐

民国北京政府时期，由于中央权威的低落，位于西南边陲的云、贵、川三省，与北洋集团把持的中央之间，始终处在一种若即若离状态下。西南军阀虽然没有直接加入孙中山革命一方，但与北京中央的疏离倾向明显。而其时北洋各势力轮流控政的北京中央，自顾不暇，对西南省份鞭长莫及，多半是睁一只眼、闭一只眼，三省军政领袖虽由北京政府任命，但多半任其自便。而所谓的省政，只是徒具虚名，各省权柄多为拥有武装的地方军人掌控，形成独具特色的地方军绅政权。

杨森

至两广成为国民革命基地，云、贵、川三省均受震动。国民政府在启动北伐前，为防止唐继尧扰乱后方，消除来自左翼一侧的攻击，制定了争取川、黔两省的地方军事实力派的政策，并提前派出多名与川、黔两省军事领袖有历史关系的人物，前

往充当说客，劝说各军事领袖在南北交战时，不要加入北洋一方，尤其与湖南、湖北相邻的川黔地方军阀，更是工作重点。如四川的杨森，他的防区紧靠湖北，且与吴佩孚素有交谊，为争取杨森，国民党方面派朱德前往游说，朱早年在云南与杨森相识，又同为四川同乡。派往贵州的则有吴玉章、李仲公等。北伐正式启动后，革命形势发展迅猛，这使原来游离于南北之间、尚在犹豫观望中的川黔各地方实力派之政治态度发生了变化。

王天培

最先响应北伐，加入国民革命军作战的是贵州实力派、黔军总司令袁祖铭手下的王天培、彭汉章两部。王、彭受两广革命风潮影响，有一定革命倾向，在广东国民政府派人接洽后，即有自谋出路、脱离袁祖铭，加入北伐作战的表示。彭、王两部自行其是，给袁祖铭不小的压力，加上其时的袁祖铭因川战失利，退回黔省，与省内另一实力派周西成结为姻亲，但“一山不容二虎”，贵州地瘠民贫，养军不易，为解决内部矛盾，周也竭力怂恿袁“向外发展”。种种因素之下，袁祖铭审时度势，对出省加入北伐作战表现出积极意向，并做出与吴佩孚断绝关系，走南方路线的表示。袁祖铭于1926年8月正式完成与国民革命军的接洽，并开始接受广东国民政府任命，担任北伐国民军左翼总指挥，彭、王两部复归袁祖铭指挥，黔军统一改编为国民革命军序列：彭汉章为国民革命军第九军军长，王天培为第十军军长，原袁祖铭手下的黔军第四师扩编为国民军第十二军，军长由袁祖铭兼任，而周西成所部被编为国民革命军第二十五军，周仍任贵州省主席，另有黔军李桑部的改编。至此，黔军易帜全部完成，并受命出黔东，入湘西，伺机加入两湖作战。不过，黔军开入湘、鄂，让其时已存“两湖王”之想的唐生智感到自身利益受到了威胁，虑及时任北伐军总司令的蒋介石有借黔军对其形成牵制之心，设下鸿门宴，先发制人，将袁诱杀。袁手下第九军军长彭汉章随即被唐以“治军无方”的罪名逮捕后枪决。而黔军中最早响应北伐的另一将领王天培，也因与桂系关系走得较近，在蒋被逼第一次下野前，被蒋介石以徐州兵败迁怒，也遭枪决。至此，号称“十万之众”的黔军在出省不到半年时间内，由于自身弱小，加上心志不定，竟成了北伐军内讧中，弱肉强食的第一个牺牲品，这也为以后黔系军人反对南京当局埋下了伏笔。

再看川省军阀。有“天下未乱蜀先乱”之说的西南省份四川，民国以后，由于时局的长期动荡，再次成为地方势力割据地盘的风水宝地，而后更因“防区制”的实行，一省之中又形成数个由地方军人各自控制的“防区”。这些地方军人在各自所辖区域内自委官吏，就地筹饷，发号施令，将省内地盘分割成几块，俨然一个个“独立王国”。彼此间则依据实力大小，进行无休止的争斗，或分或合，或友或仇，但在面对外来势力入侵时，也能联手一致对外。对北洋如此，对来自滇、黔的入川势力也如此。广东国民革命军北伐开始后，川省大、小军阀先是静观动向，当看到北伐军事所向披靡，革命势力发展有席卷全国之势后，为避免成为北伐军讨伐的对象，川省军人纷纷见风使舵，表示不再听命北洋，而宣布支持南方。于是，先由省内各防区军事领袖联合发表了一个拥护国民党的宣言。各自为政的防区领袖刘湘、赖心辉、刘成勋、刘文辉、邓锡侯、田颂尧分别被南方国民政府委以国民革命军第二十一、二十二、二十三、二十四、二十八、二十九军军长职。川军易帜也就此告成。不过，正如人们所知，川军的换旗是象征性的，他们发表共同宣言，并不表示对参与国民军对北

国民革命军第二十八军军长邓锡侯。

国民革命军第二十一军军长刘湘。

战事有兴趣，而只是用一个公开的宣言来表明他们将不站在北洋一边加入南北纷争，他们甚至把南北开战看作保护他们独立、免于外界干预的良机。而国民党方面其实也并不对川军将领服从于统一的政治结构抱希望，国民党人甚至认为，与其让纪律松弛、“毫无觉悟”，只会“窝里斗”的四川军人参与北伐，还不如不要他们介入为好。正因为此，在南京国民政府建立后的很长一段时期内，川局不仅分裂依旧，而且内部相争有愈演愈烈之势，川省不仅比以往隶属北洋时更加隔绝，也更为独立，甚至成为中央势力最后一个进入的省份。

最后看一下北伐出师时尚在滇系军阀唐继尧统治下的云南。唐继尧自想当“继帅”，假途伐粤，被广西新派军人李宗仁、白崇禧、黄绍竑打回云南后，再难掀起风浪。两广北伐启动后，唐手下掌握实际兵权的四个镇守使龙云、胡若愚、张汝骥、李选廷也被两广形势所吸引，开始酝酿举事。1927 年 2 月 6 日，四人联手发动“兵谏”，迫唐下台，史称“云南二・六政变”，唐因此郁愤不已，不久后去世。唐死后，龙云、胡若愚、张汝骥等通电拥护蒋介石，位于大西南边陲

龙云

唐继尧

马步芳

马鸿逵

的云南也挂起了青天白日旗。不过，新起的实力派军人之间，又很快发生了互争雄长的争斗，于是又有胡、张联合软禁龙云的“六一四”事件发生。嗣后，龙云手下占优势的军队在其表弟卢汉的带领下，向昆明发起反攻，胡、张不支，败撤滇北接壤的川、黔一带，云南的军政大权就此落入龙云之手。1928 年 1 月 17 日，龙云被蒋介石任命为云南省主席兼国民革命军第十三路军总指挥。其时，因蒋、桂矛盾已生，蒋有心让龙云替他牵制两广，对龙云进行拉拢，而龙云因他的敌手胡、张一直受亲桂的黔省军阀周西成保护，表示愿意效命南京中央，被南京国民政府正式任命为云南省主席。

“认庙不认人”的西北甘、宁、青、新地方实力派

研究军阀史的著名学者齐锡生这样讲道：“南方军人成为统一政策的勉强支持者，只是因为他们清楚地看到了国民党有较远大的前途，与其以后被迫加入，还不如现在就顺应时势，以避免与浊俱灭。”当革命大潮起来后，适时加入强势一方，就成为南北易势之际一些地方中人的明智选择。西南诸省是这样，西北诸省份的地方军事实力派也一样。

中国西北甘、宁、青一带，多回族居住。清末时，左宗棠率军进剿西北回民起义，河州回帅马占鳌率众投降，所部被左整编成三旗马队。此后民国成立，诸马所统军队接受北洋军队番号，一些回族军事首领也被任命担任镇守使等职，如宁夏护军使马福祥、宁海（青海）镇守使马麟、凉州镇守使马廷勷、甘州镇守使马璘等，时称“西北五马”。由于辛亥革命以来政局持续动荡，西北地方也出现各自为政的局面，形成“陇上八镇”。八镇之中，回汉各半。而担任甘肃督军的又是皖系人物张广建，其督甘期间，任用皖籍同乡亲信，打击回族实力派，不仅民间怨声载道，民族矛盾也加深。及至直皖战后，皖系失

势，借全国范围的“倒皖”，“西北五马”也打起“甘人治甘”的旗号，联衔向全国发出驱张的通电，张广建被迫离甘，北京政府初有另委绥远督统蔡成勋为甘督之意，又遭抵制，但甘肃汉回将领为谁任甘督又各持一见。北京方面生怕引起战乱，于是采取折中办法，于1921年1月任陇东镇守使陆洪涛为护理甘肃督军的同时，又以回族首领马福祥为绥远督统，所遗宁夏护军使一职，由马福祥之侄马鸿宾代理，西北局面稍安。1925年冯玉祥发动北京政变，后被排挤到西北任边防督办，冯乃以西北地区为势力范围，派李鸣钟为绥远都统，任回族领袖马福祥为边防会办，原北洋直系任命的镇守使被逐，汉族地方势力被削弱，回族首领于是与冯玉祥结盟，所部基本归隶了冯的西北军。1926年9月，冯玉祥率国民军在五原誓师，随即采“团甘援陕，联晋图豫”方略，先解西安之围，而后率部东出潼关，开辟北伐战争的北方战场，回族首领率部加入其中。不过，回族首领也有因对冯不满而反叛的，在二次北伐即将“告成”的1928年5月，就发生了马麒家族的后生马仲英反对冯部国民军，率部攻打河州的“河湟事变”。该事变发生在冯部正集全力进取京津之时，冯玉祥不得不派部前往镇压，一场混战由是席卷了陕、甘、宁、青的大部地区，事变虽被镇压，但历时数月之久，冯部与西北回族实力派的矛盾显露。嗣后蒋介石瓦解冯部西北军力量时，恰是利用回族军阀与冯玉祥的矛盾。

较之甘、宁、青，位于大西北的新疆，虽然是个天高皇帝远的地方，但民国北京政府时期，却保持了相对的稳定。辛亥时，新疆革命党人曾在伊犁、迪化举行武装起义响应武昌起义，遭到清军将领袁大化镇压。后来清帝诏命退位，袁世凯就任临时大总统，袁大化虽然承认这一事实，但见清廷覆灭，便向北京推荐手下干将、任镇迪道兼提法使的杨增新接替其位，并得到北京政府批准。于是，杨增新当上新疆都督后，运用铁腕手段治新，尽管此一时期外界时局变幻莫测，中央权柄替换频繁，相对来讲新疆所受影响并不很大。杨对新疆的统治也因此长达十七年。至国民革命兴起，尤其是西北回族军阀加入冯部后，杨增新开始面临冯部国民军向新疆扩张的压力。至北伐告成，杨增新默察大局，知北洋大势已去，遂效法袁大化辛亥时所采“认庙不认人”的老做法，于 1928 年 7 月 1 日通电承认南京国民政府，并宣布新疆换旗。不过，就在通电发出后的 7 月 7 日，杨增新在参加迪化俄文专科学校毕业典礼时，遭该省外交特派公署的特派员新派人物樊耀南等一应人袭击身亡，此谓“新疆七七政变”。事变发生后，制造枪杀案的樊耀南等人即被杨增新手下政务厅长金树仁拘捕并毙杀，金树仁也因此接替杨增新当上了新疆省政府临时主席。关于该事变之真相，杨增新之死究竟谁是真凶，在当时有各种质疑，有说是革命党图谋，也有说是金树仁从中坐收渔利，更有一说指事变与冯玉祥欲染指新疆政务有关。不过，无论哪种说法都缺乏可靠证据，而当时的外部世界已经天地翻覆，国民党取得

杨增新，云南蒙自人，25 岁中进士，在甘肃做官多年，从知县、知州升至省提学史兼武备学堂总办。1907 年调新疆，1912 年原新疆巡抚袁大化拜辞东归，经他向袁世凯推荐，任命杨增新为新疆都督兼布政史。

新疆省政府主席兼总司令金树仁于 1929 年兼任边防督办。

了全国的统治，新疆也从杨增新时代进入到金树仁时代。只是这一转换没有给新疆局面带来稳定，反而令新疆进入多事之秋。

政治分会名义下的变相割据和实力派军人坐大

国民革命"二次北伐"的重启，为换得各实力派领袖冯、阎、桂为北进出力，蒋介石抛出了政治分会的诱饵，暂时满足了各地方实力派军人党、政、军、财一把抓的欲望。半年以后，京、津底定，北伐也宣布"告成"，但"天下"却没因此而"归一"。各地军阀虽相继易帜，表示"归顺中央"，但此时的"中央"却是个模糊的概念，既乏权威领袖，也无强力的中枢机构，口称"号令全国"，但实际多无人睬。尤其是拥有自己地盘、军队的冯、阎、桂三家，因在京津接收中，察觉到蒋有意削弱异己，图谋"强干弱枝"，便开始以各自的方式对蒋的"中央"进行着或明或暗的抵制。而这些实力派领袖各自拥有的政治分会，这时俨然成了他们自行其是、经营独立王国的方便借口。

现实地看，在参与"二次北伐"的四大军事集团中，蒋能有效掌控的第一集团军，无论从兵员还是战斗力论，较之其他三家不仅无优势可言，甚至逊色很多。据资料统计，国民革命军在完成北伐后，全国计有 84 个军（272 个师），还有许多独立旅、独立团等建制，兵额 220 万人以上，比清末时全国军队的总数多出整整三倍（清末军队数额约为 57 万）。这其中半数以上隶属蒋、桂、阎、冯四大集团军：蒋介石的第一集团军，兵力 20 万，以北伐最初时的第一、三、四军为主干，加之收编江西、浙江、安徽、京津、山东等地的杂牌军，其内部系统相当复杂，实际有效控制地区也只有江、浙、沪一带；冯玉祥的第二集团军拥兵最多，号称近 30 万，据鲁、豫、陕、甘、宁、青六省，控横断中国之势；阎锡山任总司令的第三集团军，拥兵略少，

1928年8月8日，国民党第二届中央执行委员会第五次全体会议在南京召开，全会宣称全国已进入训政时期，行政、立法、司法、考试、监察五院应逐渐设立。图为会议开幕式合影。

但也有近20万，地理位置据晋、绥、冀、察，得高屋建瓴、俯瞰华北之优；而李宗仁的桂系，“二次北伐”后其势力更是由原来的两广、两湖伸展至平津，兵力也有20万之多。李宗仁坐镇华中，白崇禧驻节津、沽，后方还有黄绍竑雄踞八桂，广东实力派李济深也有“半个桂系”之称，由此华南、华中、华北成一字长蛇，直接威胁蒋的华东腹地，气焰更在冯、阎之上。对此，蒋介石如坐针毡。

为对付这些桀骜不驯的“武装同志”，急于奠定其“中心领袖”地位的蒋介石，在抛出的“裁兵之议”夭折后，又于1928年8月8日，迫不及待地以“军政时期结束，训政时期开始，要组成一个全国统一后的‘大一统’南京政府”为名，召开了二届五中全会。在开幕式上，蒋介石开宗明义，以日本明治维新时期的“讨幕废藩”为例，

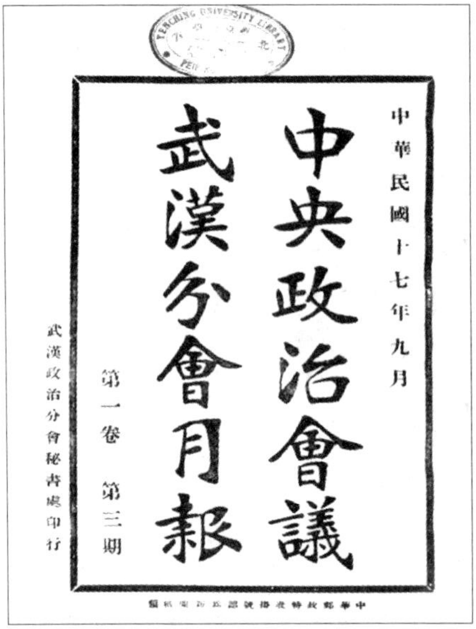
中華民國十七年九月

中央政治會議

武漢分會月報

第一卷 第三期

武漢政治分會秘書處印行

桂系控制的武汉政治分会发行的月报。

要各“武装同志”借彼鉴己，善应潮流，大功告成后，“决然奉还大政，归命中央”，并就军事整理和政治分会存废问题分别提案：军事上要求组织国军编遣委员会，为编遣裁兵做准备；在政治分会存废议案中，则提出“统一后，政务应由政府执行，党务应由党部执行”，提议各地政治分会应在当年年底前一律取消。不过，此议一出即遭到各实力派领袖的一致反对。李济深、冯玉祥等立即搬出了两件法宝回敬：一、地方政治分会是二届四中全会才做出的决定，现在取消，有违四中全会决议；二、中央决定各地分区剿共，如果取消分会，会削弱剿共力量，且党务、政务不能截然分开，兼顾机关不可缺少。由于众人反对，蒋在一时无法令这些“武装同志”就范的情势下，不得不迁就各军事实力派的既得利益，同意政治分会继续保留到三全大会召开之时。

政治分会制度的延续，使得各政治分会的军事领袖在自己的辖区内自行其是有了制度上的保证。强势军人不仅借此控制着所驻地区的军事，当地财政、政治亦一概为其把持，他们甚至在各地设置银行，军队数量也是不削反扩。为向蒋介石的“中央”示威，冯玉祥在离会返抵西北后，立即以“纪念五原誓师两周年”为名，在开封和西安军举行了大规模的阅兵典礼；阎锡山在会议召开时，“托病”未曾参会，却在会议期间的 8 月 5 日在太原以“补宣誓”为名，举行了就任太原政治分会主席的正式仪式；而这时桂系桀骜不驯的统兵将领白崇禧也在河北举行了大规模的军事会操，显然有向蒋介石公开炫耀武力的意图。而远在西南、西北一些边陲省份，如川、滇、黔、新等，基本是“换旗不换人”，地方统治权一仍以往，控制在原地方强势军人手中。“统一告成”并没有改变国内互不统属、各自为政的局面。在这一现状下，国民政府宣告“统一”后的很长一段时期中，虽然各地的五色旗都已被青天白日旗取代，但在号称“统一”的国民政府辖地，无论在边缘省份，还是在腹心地区，变相的割据政府一仍以往、五脏俱全地合法存在。

三、北伐尾声：“督抚革命”模式的巅峰和终结

党国体制下的“军治”现实

“再造民国”是辛亥后孙中山愤于辛亥成果为强势军人所窃取，不惜“再举革命”而提出的口号。然而，通过革命手段，用武力去打造的民国，果能如孙中山所愿，在改变北京政府时期国家权柄由强势军人操控后呈现一个新局面吗？对此，孙中山本人没有机会检验，但早年即追随孙中山左右，同样也为国民党头号理论家的胡汉民倒有一个切中肯綮的判断，他称：“民国十五年北伐的成功，只是军阀的成功，不是党的成功，不是革命政治的成功……所以这一幕北伐的结果，只是军阀治权之转移，而不是革命政权的建立。”胡汉民此言依据何在？

首先，就中央层面来说，1928 年 10 月，国民党在南京召开第 173 次中常会，选任蒋介石、谭延闿、胡汉民、蔡元培、戴季陶、王宠惠、冯玉祥、孙科、李宗仁、何应钦、阎锡山、李济深、林森、张学良为国民政府委员，蒋介石出任国民政府主席。全国统一后的

1928年10月，南京国民政府改组，图为行政院院长谭延闿（左一）、立法院院长胡汉民（右三）、铁道部长孙科（右一）等合影。

首届国民政府诞生。在这一政府阵容中，不难看出，位居要津者，多数为实力军人，而非军人仅为点缀。蒋介石本人自不待言，即便政府的一些职能机构，主管看似为文职，但其实也有实力军人给予支撑，这固然跟军政时期尚未完全结束有关，但刚戴上国民政府主席头衔的蒋介石将国家“重器”随便授人，也是造成此一现象的主因。已为国民政府主席的蒋介石因冯、阎、桂等实力派军人不听调度而寝食难安，为推行其“强干弱枝”政策，在京、津甫定之时即行召开的二届五中全会上，蒋就以“官”“禄”为饵，迫不及待地以中常会名义做出决定：以阎锡山为内政部部长、冯玉祥为军政部部长、李宗仁为军事参议院院长，表面看是予以重用，实际上是想通过此举，将这几位强势军人领袖调离他们各自的领地，效法宋太祖赵匡胤，“杯酒释兵权”。熟谙此道的冯、阎、李一个也不会上当：

阎锡山接过任命后，派他手下的心腹赵戴文赴京塞职，自己留在了山西；冯玉祥也把手下大将鹿钟麟委为次长，自己继续蹲守河南；桂系领袖李宗仁也如法炮制，三位军事领袖行动如出一辙，蒋介石弄巧成拙，算计完全落空。

再从地方层面看，“统一”的告成，实际并没有改变地方权力分散于各实力派之手的局面，加上政治分会的合法存在，蒋介石虽然表面拥有中央的最高位置，但政令不出江、浙、沪，其他地区的党、政、军、财所有实权均在各政治分会把控之下。各省省政，也由握有分会大权的军事强人，分别作为“酬庸”给了手下立有大功、且对其本人和“团体”忠贞不贰的“武人”。这一来，“统一”后的中国，从两广、两湖，到陕、甘、宁、青、新，再到山西、察哈尔、绥远，及至东北、东南、西南诸省，把持省政者无不为“武装同志”，甚至就是手握兵符的直接统兵者。北京政府时期，虽为军阀操权，但地方尚有“文武分治”一说，而北伐“统一”后，各地省务把控者反成了清一色军人的“天下”。

然而，国民党的军人与北洋系统的军人还是有所不同的。北洋武力的结合主要基于地缘、血缘，或业缘的“私交”关系，“兵为将有”实属天经地义。而国民党的军队，号称“党军”，其成军基础在于“共同的信仰”，军队将为“主义”而战，而非仅效忠于个人或军事长官。而军队“党化”所蕴含的真正意义在于武装力量的逐步中央化和国家化，哪怕是只作为消除战乱的第一步出现也算是一种新的整合方式。为做到这一点，按苏俄的方式，是在革命军中建立党代表和政治委员制度，以此“以党治军”。不过，这一制度在中国畛域观念极强的地方性军队中贯彻是非常困难的，革命高涨时期加入革命阵营的军事领袖，为示“进步”起见，不得不予接受，但在推行中却多方加以限制。“中山舰事件”后，身为党军领袖的蒋介石为达到有力控制黄埔武装的目的，率先在黄埔军校和第一军中驱逐了共产党员，党代表和政治委员制度实已名存实亡，黄埔军队也由此成为蒋介石的“嫡系”，将佐也多以“天子门生”自居。而其他各军，系统原本就未打破，这些军队中的将佐到士兵，自入行伍起就被教育要效忠于军事领袖本人，不过在革命高潮时有所收敛而已，“分共”后立即故态复萌，回归旧时状态，军队政工体系也迅速瓦解。所谓“党军”，即此也就只剩下一块招牌。为取得话语权，掌军权者同样也掌党权，于是从中央到地方，党、政、军、财各政也都被揽入军人肘腋之下，所谓“以党领军”也就成了一句空话。北洋军人虽然已被国民党“武装同志”取代，但这些国民党的“武装同志”，本身并不是什么社会新兴力量，他们中很多即为军阀武装摇身一变而来，多挂一张“党”牌而已。“有军则有权”，这一北洋武人的信条，也同样为国民党“武装同志”所奉行，只是原来的权力执掌者是军事领袖个人，而今换成了集体名词的“党”，军事领袖个人则被认为是“党”的化身。

不过，尽管奉行一样的原则，但身为国民党的新军人，是否拥有党的“正统”招牌就显得十分重要了，否则他们会被世人视为与北洋人物实无二致的军阀。关于这一点，蒋介石和各实力派领袖都心知肚明。因此，在国民党内各派相继“反共”后，国民党内便有激烈“党争”的发生。要说，在不同势力各戴一尊的“党统”争夺中，蒋在声望、资历和党中资源上，根本无法跟汪、胡相比，甚至还不如老资格的西山会议派。但蒋却能将汪、胡等党中元老玩弄于股掌之上，“西山会议派”更是不堪一击。可见，在“党主”

胡汉民

争夺中，最后起作用的还是“军主”的实力，军权决定党权。

北伐由于主要采取了“武力统一”的方式，军事领袖在党内的地位愈显重要。孙中山发动国民革命时，寄希望于以“党力”来打造新国家，但如果这一新国家的打造主要凭借“武力”来推进的话，“党力”自然而然也就被导入武力之途，此一事实，如胡适所言，“哪里是党治，只是军人治党而已”。这一结局，恐怕也是孙中山始料未及的。

“统一告成”后“英雄革命”的后遗症

历史上改朝换代之“革命”，实有其共同的经验和教训，即破坏易而建设难，率由旧章易，突破传统难。其中缘由，与起事方多采“英雄革命”模式有关。这一“英雄革命”模式，不仅在中国历史上屡为皇朝末世的农民造反军采用，孙中山策动革命时也因袭了这一模式，革命往往为一方举事，各方响应，所谓“义师既起，各地反正”，分举合谋之下，旧政权垮台只在指顾之间。辛亥起义，某种意义上可谓这一革命模式的预演。民国后，虽已无“督抚”存在，但由于中央权威的低落，手握重兵的地方“督军”又成了变相的“督抚”。由于这些督军多有脱离中央控制的倾向，革命也不断向他们借力，故有“督抚式革命”之说，孙中山的“二次革命”、南下广州开府、参与反皖、组建反直同盟等，皆蹈袭这一革命方式的表现，但结果却是借力军阀反被军阀所用。陈炯明叛孙后，孙中山终于对此方式彻底失望，转而师法苏俄，致力于建设党军，革命方略也从策动上层转向发动底层民众。然而，蒋介石的“分共”，又迫使国民党不得不回归北伐时“英雄革命”的老路。于是，四总司令并驾齐驱，“统一”虽然迅即，却在“告成”后立即面临难“定于一”的困境。

由于北伐革命的最后胜利由“英雄革命”而成，这种方式不仅用力少，需时短，而且可迅速而有效地颠覆旧政府，故一再为革命者借重。一旦“天下”夺得，在谁为“共主”的问题上，内部较量在所难免。此外，“英雄革命”实也有两途可循：一为先统一内部，再推翻对手；一为先推翻对手，再削平内部。前者一旦夺得政权，已取得“共主”地位的强者，天下归心，推行政令极易。而倘是后者，通常只有削平群雄的最后胜利者，方可成为“全国之共主”。于是，政权虽立，丧乱滋多，接踵而起“定于一”的较量会给社会带来更大的纷乱，历史上这样的教训屡见不鲜。而“统一告成”后的蒋介石和国民政府，面临的正是后一种极其糟糕的局面。蒋介石显然认为可用分化、收买和武力征伐的方式，以一己之兵力来弭平跟他一样靠“革命”起家的各路英雄。但蒋事实上并不具备这样的实力，如此操切，致使战乱横生，“统一告成”后还不到半年，一度并驾齐驱的四大集团军司令就围绕“削藩”与“反削藩”爆发了一连串战争，先是蒋桂

1930 年初开始的中原大战是一次新军阀大混战。历时 7 个多月，波及 20 余省，死伤官兵 30 余万人。图为黄河滨战斗之留影：①中央空军所投炸弹，截断黄河铁桥；②冯玉祥军列车被掳。

大战，又有蒋冯大战，接着就是打着“护党救国”旗号的大大小小的反蒋抗争，最大规模的争战是发生在1930年的中原大战，争战各方打的都是青天白日旗，投入兵力计达百万以上，战火延及国内20多省，死伤达30万以上，数倍于北伐阵亡的5万余人，规模堪比打了一场欧洲大战。

中途“出局”的共产党底层重燃革命星火

1928年底，随着东北的正式换旗，国民党似乎已在全国确立了它的统治，南北对立多年的中国大地终于飘起了同一面青天白日旗。新建立的政权宣布“以党治国”，这虽然被一些仍然执着于“西化”的知识精英所反对，但整体上去看，民众对这个新的政权还是寄予希望的。辛亥以来长时期的社会动荡，加上民主制度尝试的一再失败，已使很多中国人，尤其是一般民众，产生了一种对“民主”的严重幻灭感，甚至产生了对强人政治的期待，国民革命通过“再造民国”形成了比较广泛的社会动员和资源整合，给此后的国家发展带来了新的动力因素，而分裂局面的结束，也一度唤起了人们对未来的憧憬。但是，北伐胜利给人们带来的欢欣还不到半年，内战烽火又再度燃起。而在各路“北伐英雄”中原逐鹿，炮火连天无暇南顾之际，在中国南方湘、鄂、赣、闽等省交界处的山区之中，尚未在“分共”中被国民党赶尽杀绝的中国共产党人，也开始了“枪杆子里面出政权”的抗争，举起了“武装斗争”的旗帜。于是，被称为“苏维埃”的红色革命根据地很快连成一片，三年后，俨然已呈燎原之势。

一切基于反抗社会压迫的革命都有其合理性，就如国民革命风潮的高涨绝非偶然因素而致一样，中国共产党的出现和兴起也有其深刻的社会和历史背景。孙中山“联俄容共”政策的实施，使初时不过几百人的共产党很快扩大了在全国范围的影响，在推进国民革命高潮的

1927年9月，中共中央特派员毛泽东与中共湖南省委一起领导了湘赣边界秋收起义。图为湖南长沙秋收起义礼堂。

秋收起义军事会议旧址——安源张家湾工人补习学校第一校。

同时，共产党的力量也迅速膨胀，北伐过程中，更是通过革命宣传和发动民众，苏俄式的阶级斗争口号开始为人所知，而上海的三次工人武装起义，不仅显示了中共明确的争夺“革命领导权”的意向，也已实际具备了在中心城市组织和发动无产阶级革命的潜力。这当然令寄希望于通过北伐，到江浙沪一带另立“革命中心”以摆脱苏俄控制的蒋介石惕然心惊。国共两党本是有着不同历史、不同政治主张、不同社会基础的政党，从合作一开始，国共两党对革命的目标与性质，就存在着难以弥合的鸿沟。北伐是为了新秩序建构而发起的，但国共两

1927 年 12 月 1 日，海陆丰群众举行庆祝苏维埃政府成立大会的盛况。

党关于新秩序建构从一开始就在两条道上。国民党的目标是消灭军阀和帝国主义的特权，统一中国；而共产党参加北伐，除“打倒列强除军阀”外，还有着最终解放劳农大众的阶级革命目标。国共携手虽然带来了两党的壮大，但“道不同不相与谋”，尤其是在半壁江山已下，北伐胜利在望时，革命何去何从，在建立怎样的秩序上，由于取向的不同，双方矛盾不可避免地爆发了。

关于北伐事件，尤其是国共分手的历史，至今在两岸仍有着不同的历史书写。比如“四一二”政变，在台为“护党救国”，在大陆则为“反革命政变”。平心而言，共产党毕竟不是国民党，它不仅要促使国民党“打倒列强除军阀”，还要担负起共产国际所赋予的阶级斗争的任务，需要实现无产阶级的具有不同于其他阶级的特殊使命。“中山舰事件”发生后，中共方面越来越强调自身的政治独立性，强调对国民革命及工农群众的领导权，在适当的时候，实现资产阶级革命向无产阶级革命过渡的目标。而按国民党“清党派”的观点：武力清共正是为了维持国民革命的整全性，避免“国民革命”沦为“工农革命”，损及国民党作为这场革命唯一合法领导者的地位。为达此目

海陆丰武装起义的农民。

的，在他们看来“清党”是必要而且符合现实利益的考量，蒋介石完成了这一举动。

“清党”使蒋介石从北伐前夕的“红色将军”，一变而为摧残工农革命的“刽子手”，加上国民党内旧势力的沉滓泛起和军事领袖的故态复萌，使整个“分共”过程充斥着投机、专断、任意和强暴，在国民革命的灿烂阳光下，遮掩不住的是左、右各派假革命之名所滥施的血腥暴力，这也因此激起了共产党人近乎绝望，然而却是不屈不挠的坚决反抗。国共关系破裂后，双方都总结了各自的经验教训：蒋介石得出的结论是“国共之间只能拼武力，不能拼党力”，而中共领导层也终于觉悟到只有武装的革命才能对付武装的反革命，用毛泽东的话来说，就是“枪杆子里面出政权”。

“四一二”之后，因国民党内各派的相继“分共”，加上各地“清党”中，对中共力量的合力绞杀，中共组织在城市遭到毁灭性的打击，认识到“枪杆子里面出政权”的重要性，中共党人也开始抓武装，组队伍。在经过南昌起义、秋收起义、广州起义等大大小小的红色暴动后，中国共产党人在远离国民党政治中心的偏僻地区，即“反动统治”的薄弱地区，立住了脚，由此走上了“工农武装割据”之路。在那里，共产党找到了自己赖以生存、发展、壮大的最合适的土壤，这种“草根”特色的红色暴动，虽还只是星星之火，但毛泽东确信“星星之火，可以燎原”，走农村包围城市之路，这是毛泽东为中共革命指出的方向。

国民革命落幕了，工农革命开始了！

参考文献

一、报刊

《北平世界日报》 《潮报》 《晨报》

《大公报》 《大夏周刊》 《党务月刊》

《东方杂志》 《革命评论》 《广东建设厅公报》

《广东省政府周报》 《红旗》 《暨南周刊》

《嘉兴商报》 《江苏财政公报》 《军事杂志》

《联军日报》 《良友画报》 《人民周刊》

《三民周报》 《三五旬刊》 《上海邮工》

《申报》 《特别党部半月刊》 《现代评论》

《现代中国》 《向导》 《新闻报》

《宇宙风》 《语丝》 《再造》

《战士》 《中国青年》 《中央日报》

《民国日报》 《顺天时报》 《国闻周报》

二、资料集

［美］安娜·路易斯·斯特朗著，王鹿鹿等译：《千千万万中国人：

一九二七年中国中部的革命》，北京：中国社会科学出版社，1985 年。

［美］雅各布斯（D.N. Jacobs）著，殷罡译：《鲍罗廷：斯大林派到中国的人》，北京：世界知识出版社，1989 年。

［苏］А.И. 卡尔图诺娃著，中国社会科学院近代史研究所翻译室译：《加伦在中国：1924—1927》，北京：中国社会科学出版社，1983 年。

［苏］阿·瓦·勃拉戈达托夫著，张开译：《中国革命札记：1925—1927》，北京：新华出版社，1985 年。

［苏］巴库林（А.В. Бакумин）著，郑厚安等译：《中国大革命武汉时期见闻录：1925—1927 年中国大革命札记》，北京：中国社会科学出版社，1985 年。

［苏］维·马·普里马科夫著，曾宪权译：《冯玉祥与国民军：一个志愿兵的札记》，北京：中国社会科学出版社，1982 年。

［苏］维什尼亚科娃·阿基莫娃著，王驰译：《中国大革命见闻：1925—1927——苏联驻华顾问团译员的回忆》，北京：中国社会科学出版社，1985 年。

［苏］亚·伊·切列潘诺夫著，中国社会科学院近代史研究所翻译室译：《中国国民革命军的北伐：一个驻华军事顾问的札记》，北京：中国社会科学出版社，1981 年。

［苏］康奇茨等著，中国社会科学院近代史研究所翻译室译：《苏联顾问在中国：1823—1927》，北京：中国社会科学出版社，1980 年。

［苏］萨坡什尼科夫（В.Г. Сапожников）著，齐志新译：《1924—1927 年中国第一次国内革命战争：军事史略》，武汉：湖北人民出版社，1958 年。

陈志凌著：《新编第一次国内革命战争史稿》，西安：陕西人民出版社，1981 年。

“国史馆”审编处编：《北伐史料》，台北：“国史馆”，2002 年。

蒋永敬著：《北伐时期的政治史料：一九二七年的中国》，台北：正中书局，1981年。

来新夏、魏宏运编：《第一次国内革命战争史论集》，武汉：湖北人民出版社，1957年。

李玉贞编译：《鲍罗廷在中国的有关资料》，北京：中国社会科学出版社，1983年。

刘汝明著：《刘汝明回忆录》，台北：传记文学出版社，1979年。

罗仰著：《第一次国内革命战争简史》，上海：上海人民出版社，1959年。

全国政协文史资料委员会、广东省政协文史资料委员会编：《国民革命军北伐亲历记》，北京：中国文史出版社，1994年。

司绥延、林幹编：《第一次国内革命战争简史》，上海：新知识出版社，1955年。

王宗华主编：《中国大革命史：1924—1927年》，北京：人民出版社，1990年。

张静如主编，刘志强、王德京编著：《中国新民主主义革命史长编：1926—1927——北伐战争》，上海：上海人民出版社，1994年。

中共中央党史资料征集委员会征集研究室编：《中共党史资料专题研究集：党的创立和第一次国内革命战争时期》，北京：中共党史资料出版社，1989年。

中国第二历史档案馆编：《中国国民党中央执行委员会常务委员会回忆录》，桂林：广西师范大学出版社，2000年。

中国第二历史档案馆编：《中华民国史档案资料汇编》，南京：江苏古籍出版社，1994年。

中国社会科学院近代史研究所编，张海鹏主编：《中国近代通史·第七卷·国共合作与国民革命(1924—1927)》，南京：江苏人民出版社，2006年。

中央档案馆编：《北伐战争：资料选辑》，北京：中共中央党校出版社，1981 年。

三、专著

［澳］费约翰著，李恭忠等译《唤醒中国：国民革命中的政治文化与阶级》，北京：生活·读书·新知三联书店，1996 年。

［美］费正清编，杨品泉等译：《剑桥中华民国史》，北京：社会科学出版社，1994 年 1 月第 1 版。

［美］齐锡生著，杨云若、萧延中译：《中国的军阀政治》，北京：中国人民大学出版社，1991 年 10 月第 1 版。

陈伙成著：《国共合作北伐记》，北京：军事科学出版社，1996 年。

陈志让著：《军绅政权——近代中国的军阀时期》，桂林：广西师范大学出版社，2008 年 8 月。

傅建文著：《血泊里的中国：北伐军主力征战纪实》，广东：珠海出版社，2002 年。

顾群、龙秋初著：《北伐战争在湖南》，长沙：湖南人民出版社，1986 年。

胡之信著：《北伐战争》，哈尔滨：黑龙江人民出版社，1985 年。

华岗编著：《一九二五年至一九二七年的中国大革命》，上海：上海书店，1991 年。

黄峥编写：《北伐战争》，北京：新华出版社，1991 年。

李新主编：《中华民国史》，北京：中华书局，2011 年 7 月。

李新主编，杨天石、牛大勇、习五一等编著：《中华民国史·第 2 编·北伐战争与北洋军阀的覆灭》，北京：中华书局，1996 年 2 月第 1 版。

李云汉著：《从“容共”到“清党”》，台北：“中国学术著作奖助委员会”，1966 年印行。

刘秉荣著：《北伐青史：中国现代史上第一次伟大的战争》，北京：知识出版社，1998 年。

刘丕林著：《1894—1927：北伐军兴始末》，武汉：湖北长江出版集团，2008 年。

吕芳上著：《革命之再起——中国国民党改组前对新思潮的回应（1914—1924）》，台北：中研院近史所，1989 年。

蒋永敬著：《鲍罗廷与武汉政权》，台北学术著作奖助委员会，1963 年 12 月。

王宗华编：《中国大革命史　1924—1927》，北京：人民出版社 1990 年。

刘永利著：《北伐战争史》，沈阳：辽宁大学出版社，2003 年。

罗志田著：《乱世潜流：民族主义与民国政治》，上海：上海古籍出版社，2001 年。

秦瘦鸥编：《中国国民革命史》，上海：三民图书公司，1935 年。

苏双碧著：《北伐风云》，北京：光明日报出版社，1993 年。

“台湾国防部史政局”编：《北伐战史》，台北：“中华大典编印会”，1967 年。

王光远编著：《蒋介石与北伐》，北京：中国文史出版社，2010 年。

王奇生著：《党员、党权与党争：1924—1949 年中国国民党的组织形态》，上海：上海书店出版社，2003 年。

王奇生著：《革命与反革命：社会文化视野下的民国政治》，北京：社会科学文献出版社，2010 年。

王云五、李圣五主编：《国民革命军北伐战争史》（上、下），上海：商务印书馆，1933 年 12 月。

吴都编 :《铁血南国 : 北伐名将谱》，北京 : 团结出版社，1995 年。

张鸣著 :《辛亥 : 摇晃的中国》，广西师范大学出版社，2011 年。

张国焘著 :《我的回忆》，香港明报日刊出版社，1971 年。

张静如主编 :《中国新民主主义革命通史——1926—1927 北伐战争》，上海 : 上海人民出版社，2001 年第 1 版。

张梓生著 :《中国国民革命史略》，上海 : 商务印书馆，1937 年。

中共广东省委党史研究室、广东省中共党史学会编 :《北伐论丛 : 纪念北伐战争七十周年学术研讨会论文选》，广州 : 广东人民出版社，1997 年。

杨奎松著 :《国民党的联共与反共》，北京 : 社科文献出版社，2008 年 1 月。

杨天宏著 :《政党建置与民国的政制走向》，北京 : 社科文献出版社，2008 年 10 月。

叶曙明著 :《中国 1927 : 谁主沉浮》，广州 : 花城出版社，2010 年。

张玉法著 :《中华民国史稿》，台北 : 联经出版事业股份有限公司，2009 年 11 月。

朱汉国、杨群主编 :《中华民国史》，成都 : 四川人民出版社，2006 年第 1 版。

曾庆榴著 :《国共合作与国民革命》，广州 : 广东人民出版社，1989 年。

曾宪林等著 :《北伐战争史》，成都 : 四川人民出版社，1991 年。

Dillon Michael : *China : a modern history*，London，New York : Palgrave Macmillan，2010.

Jordan Donald A. : *The northern expedition : China's national revolution of* 1926–1928，Honolulu : University Press of Hawaii，1976.

Taylor Jay : *The generalissimo : Chiang Kai-shek and the struggle for modern China*，Mass : Belknap Press of Harvard University Press，2009.

Wilbur C. Martin：*The nationalist revolution in China*，1923-1928，New York：Cambridge University Press，1984.

四、论文

崔之清：《精英与大众之间：国民党社会结构与政党形象流变综论（下）》，《民国研究》，第13—14辑，2008年。

杜达山：《“西北四马”军阀割据形成的社会原因探析》，《中南民族学院学报（哲学社会科学版）》，1993年第5期。

韩冰：《论唐生智北伐期间的表现》，《民国档案》，1993年第4期。

黄金麟：《革命与反革命：清党再思考》，《新史学》（台北），第11卷第1期，2000年。

罗志田：《南北新旧与北伐成功的再诠释》，载广州：《开放时代》，2000年第9期。

罗志田：《五代式的民国：一个忧国知识分子对北伐前数年政治格局的即时观察》，《近代史研究》，1999年第6期。

罗志田：《“有道伐无道”的形成：北伐前夕南方的军事整合及南北攻守势易》，《中国社会科学》，2003年第5期。

罗志田：《前恭后倨：胡适与北伐期间国民党的“党化政治”》，《近代史研究》，1997年第4期。

申晓云：《“济案”——“九一八”前日本挑战华会体系试探》，《江苏社会科学》，2001年第6期。

申晓云：《国民政府建立初期“改订新约运动”之我见——再评王正廷“革命外交”》，《南京大学学报》，2001年第1期。

申晓云：《论民国执政府时期的“段氏修制”》，《江苏社会科学》，

2011 年第 1 期。

申晓云 :《“四一二”前后的蒋介石与列强》,《历史研究》, 2000 年第 6 期。

王奇生 :《党政关系 : 国民党党治在地方层级的运作》,《中国社会科学》, 2001 年第 3 期。

王奇生 :《革命与反革命 : 一九二〇年代中国三大政党的党际互动》,《历史研究》, 2004 年 5 期。

王奇生 :《民国时期县长的群体构成与人事嬗递——以长江流域省份为中心》,《历史研究》, 1999 年第 2 期。

王奇生 :《战前中国的区乡行政 : 以江苏省为中心》,《民国档案》, 2006 年第 1 期。

徐勇 :《“军阀”治下之“军阀”学理探讨——以北伐战争前夕一场政治与学术论战为中心》,《北京大学学报(哲学社会科学版)》, 2005 年第 4 期。

徐勇 :《近现代军阀现象的政治文化分析——兼考军阀概念输入中国之成因》,《北京大学学报(哲学社会科学版)》, 1999 年第 5 期。

王奇生 :《从容共到容国 : 1924—1927 年国共党际关系再考察》,《近代史研究》, 2001 年第 4 期。

杨天石 :《蒋介石与前期北伐战争的战略策略》,《历史研究》, 1995 年第 2 期。

张世瑛 :《罪与罚 : 北伐时期湖南地区惩治土豪劣绅中的暴力仪式》,《“国史馆”集刊》(台北), 2006 年第 9 期。

郑建生 :《国民革命中的农民运动——以武汉政权为中心的探讨》, 政治大学历史研究所博士论文, 1995 年。

左双文 :《张发奎与北伐战争》,《广东社会科学》, 2002 年第 3 期。

后记

“国民革命与北伐出师九十周年纪念”刚刚过去，我们这部有关“国民革命与北伐研究”的书稿也终于付梓出版了。本书系教育部人文社会科学重点研究基地中华民国史研究中心立项课题成果（项目号：13JJD770015）。关于该项课题的研究意义，本书“引言”中已有阐明。国民革命与北伐距今已过去整整九十年了，尽管那场革命的高潮，历时不过两年，但却是一场对中国近代历史进程产生深远影响，甚至从某种意义上说是改变了中华民族命运的革命。其影响的不仅是当时的中国、当时的时代，其效应实际还延续至今，而这正是我们对这个课题产生极大研究兴趣的原因。

我们这部书稿篇幅并不很长，目前的研究可以说还只是一个起步，但可以说，在策划和撰写这部书稿时，我们是有明确目标的，那就是突破旧说，给国民革命与北伐的意义以再审视和新诠释。目前的书稿离我们要达到的目标还有很大距离，为此我们将继续努力。但书稿在走出“旧说”方面是否有所突破，期待本书正式发行后，诸位读者的评说。

此外，本书采取的图说方式，对我们而言，也是一个尝试，目的是为了以图证史，让读者读来更增历史现场感。历史图录和照片，是历史的见证，其珍贵的史料价值自不待言。由于北伐革命兴起于上世纪 20 年代，当时摄影还不那么普遍，而反映战争和重大事件现场的照片更是稀少，收集尤为不易。本书所用的大量照片，多数是我们的研究生同学走遍了南京各大图书馆、档案馆，翻阅了大量民国出版物和相关档案文献后，逐一觅得。由于当时的报刊纸张较差，很多老照片颜色已泛黄，加上年代久远，破损的也不少，但也因此更值得珍惜。我们的研究生同学，怀着强烈的历史责任感，细心地做着图片资料的收集和抢救工作，他们将能用的图片一一挑出，进行扫描或翻拍，再经精心筛选，最后为书稿的大多数文字配上了能够起到图文互征效果的历史照片，这才有了《图说》书稿的出版。所以，本书稿虽然由申晓云老师撰写完成，但书稿所用的图片资料收集、加工，以及必要的图片加注工作，均由硕、博研究生同学负责，最后由韩文宁老师把关、修订，大家为此付出了很大的辛劳。先后参与此项工作的研究生同学有张文俊、何志明、王尤清、杨振东、史成雷、张震、武玥。他们现在大多已走上工作岗位。可以说，这部书的完成得力于大家的努力，因而也是大家的学术成果。此外，在成书过程中，我们还得到了南京图书馆于川老师和南京第二历史档案馆郭必强研究员的支持和帮助，在此一并致以深深的谢意！

申晓云写于南京大学鼓楼校区

2017 年 6 月 25 日

图书在版编目（CIP）数据

图说北伐 / 申晓云著；韩文宁等插图 . —北京：东方出版社，2016. 5
ISBN 978-7-5060-9072-8

Ⅰ. ①图… Ⅱ. ①申…②韩… Ⅲ. ①第一次国内革命战争—史料—图解
Ⅳ. ①K262.340.6-64

中国版本图书馆 CIP 数据核字（2016）第 127175 号

图说北伐
TUSHUO BEIFA

作　　者：申晓云
插　　图：韩文宁 等
责任编辑：王　艳　张莉娟
特约编辑：袁　博
出　　版：东方出版社
发　　行：人民东方出版传媒有限公司
地　　址：北京市东城区东四十条 113 号
邮　　编：100007
印　　刷：石家庄继文印刷有限公司
版　　次：2017 年 8 月第 1 版
印　　次：2019 年 5 月第 2 次印刷
开　　本：710mm × 1000mm　1/16
印　　张：22. 75
字　　数：292 千字
书　　号：ISBN 978-7-5060-9072-8
定　　价：56. 00 元